「水運びは私の仕事よ！」（カメルーン）

「私にも見せて！」（ボツワナ）

休憩している商人たち（モロッコ）

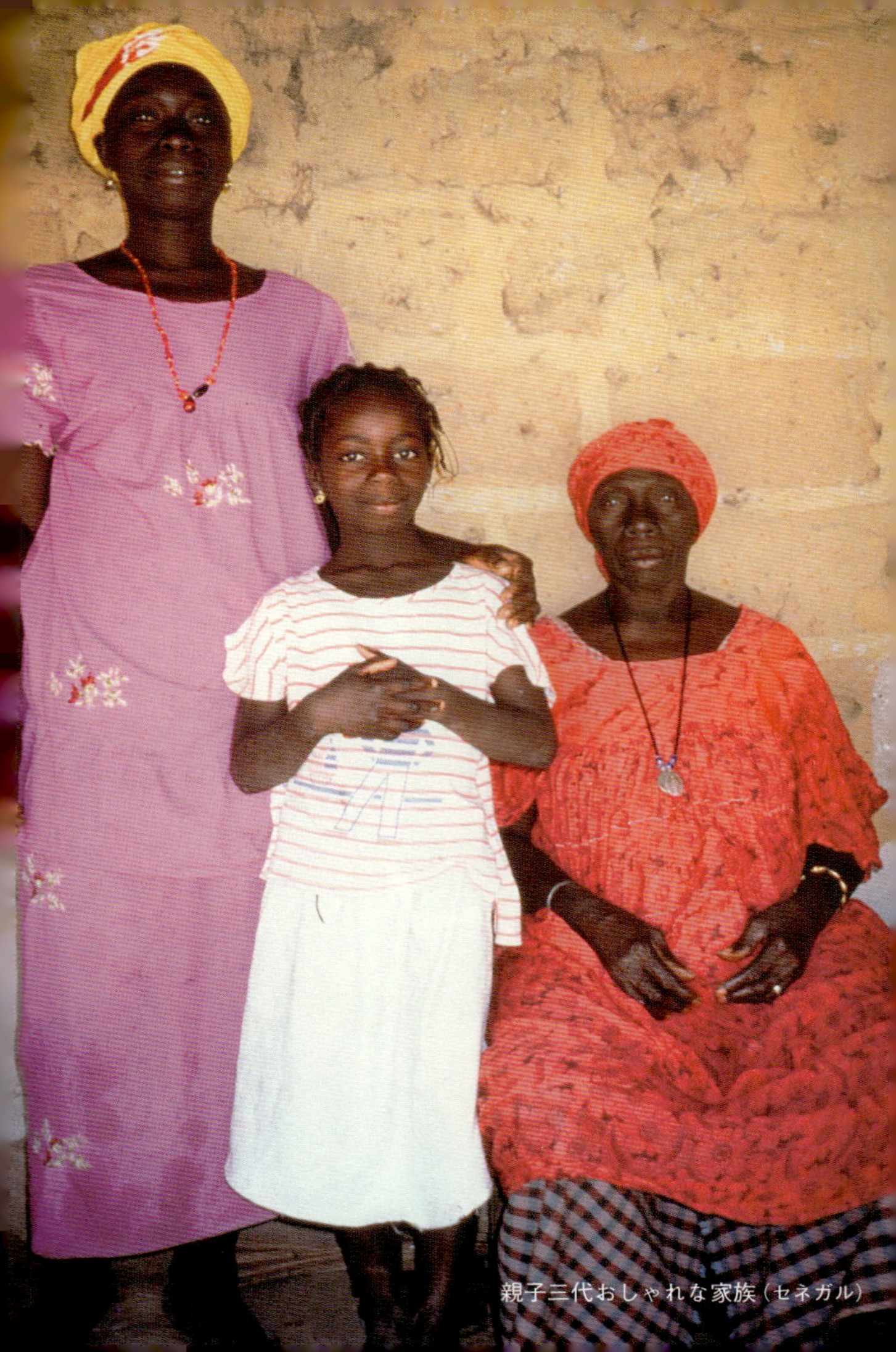

親子三代おしゃれな家族（セネガル）

信仰に生きるお母さん（チベット）

おめかししたクルド人姉妹（トルコ）

おつかい帰りの子どもたち（パキスタン）

未来の高僧を夢見て（ブータン）

「花との出会いも一期一会じゃよ」(中国雲南省)

焼きバナナ屋でふざける姉弟（ラオス）

わんぱく兄弟が追いかけてきた！（ベトナム）

雪の一本道（アラスカ）

巨大オウムの公衆電話（ブラジル）

今日は市場でお買い物（ボリビア）

帰路につく仲良し母娘（ペルー）

民宿のおじちゃん、ありがとう（チリ）

やった。

4年3ヶ月の有給休暇で「自転車世界一周」をした男

坂本　達

幻冬舎文庫

やった。

4年3ヶ月の有給休暇で
「自転車世界一周」をした男

Tatsu Sakamoto
写真・文●坂本 達

夢の始まり、旅のこぎ始め　10

STAGE 1

アフリカ

STAGE 2

中近東・ブータン

CONTENTS

STAGE 3

東南アジア・北アメリカ

STAGE 4

南アメリカ

CONTENTS

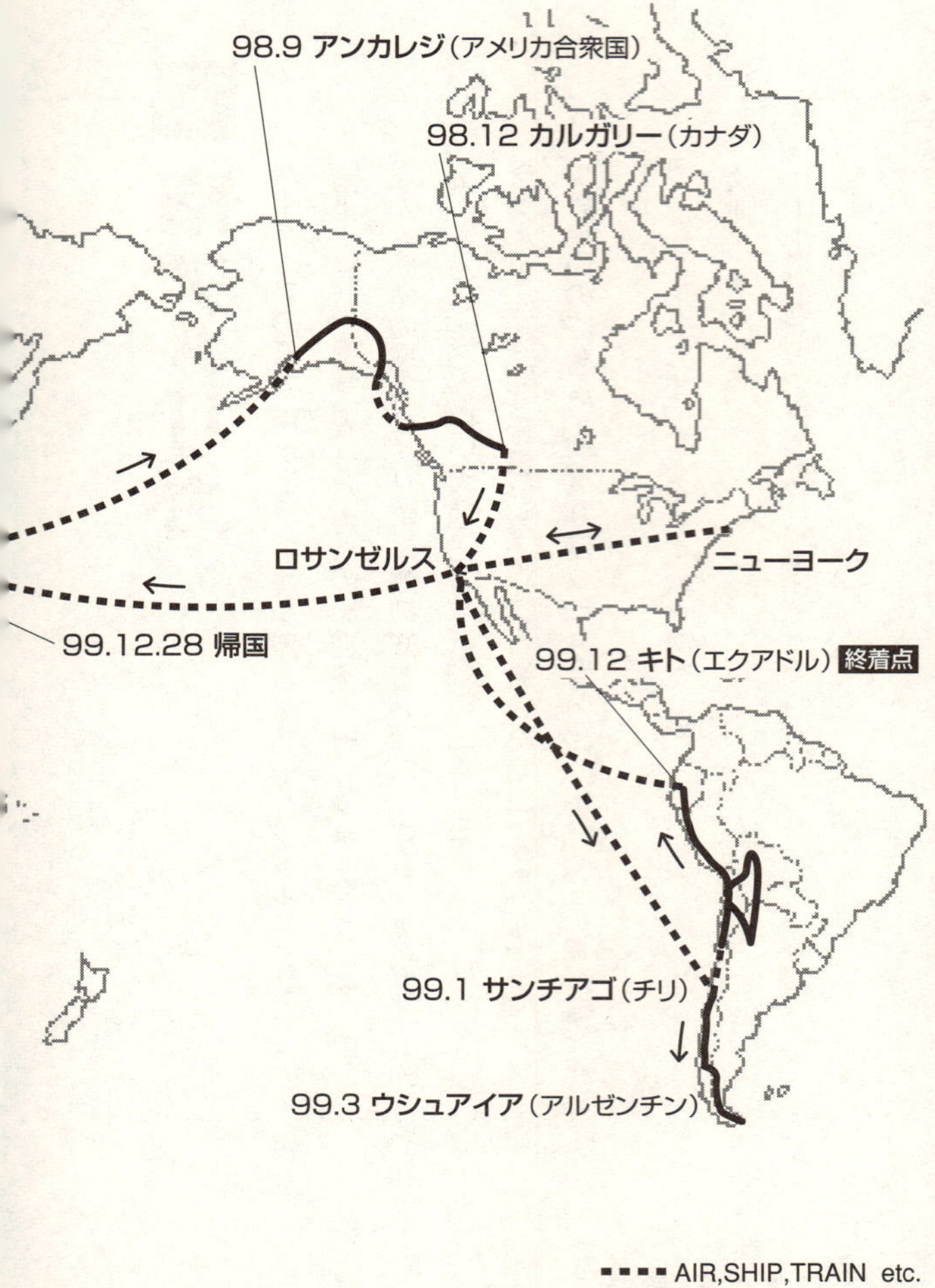
98.9 アンカレジ（アメリカ合衆国）
98.12 カルガリー（カナダ）
ロサンゼルス
ニューヨーク
99.12.28 帰国
99.12 キト（エクアドル）終着点
99.1 サンチアゴ（チリ）
99.3 ウシュアイア（アルゼンチン）
AIR,SHIP,TRAIN etc.
BICYCLE

［世界一周 4年3カ月5万5000キロのルート］

夢の始まり、旅のこぎ始め

「タツ。長いこと、巡礼の旅に出るんやってな」

入社4年目の新年会。僕は人事担当として、その年入社予定の内定者と、社長を囲んで歓談していた。その時、ミキハウスの親父、木村社長がそう言った。

「ええ？」

なんのことだろう。さまざまな仕事で頭が混乱状態にあった僕は、その社長の言葉の意味を理解する余裕がなかった。それがゴーサインとわかったのは、周りがどよめき始めてからだった。その時、一番ビックリしていたのは、僕自身だったかもしれない。


「自分の五感をつかって世界を見たい。世界中の人に出会って、彼らがどのようなところに住んで、何を食べて、どんなことを考えているのか、もっともっと、知りたい」という夢があった。父が商社に勤務していたこともあって、海外のことを知る機会は多かったが、それ以上に知りたい、体験したいという思いがあったのだ。学生時代に、十数カ国を旅したり、大学を休学して1年間アメリカに留学したのも、その思いを満足させるためだった。

僕は1992年に、ミキハウスという子ども服を中心とした商品の企画・製造・販売をしている、大阪の会社に縁があり入社した。

社員には、年2回の業務レポートの提出が義務付けられていた。自分の所属する部署の改良点や仕事上の希望に関するレポートで、社長に直接提出する。僕はその用紙に勝手に欄を設けて、「自分の夢」について書いた。強引にビジネスに絡めて、世界の子どもたちにミキハウスの商品を着せて広告写真を撮る、モニターになってもらう、などと企画めいたものを書いていたが、もちろん会社側は一切相手にしてくれなかった。

一方、入社してから、大学時代の留学費用を叔父に返済し、夢の実現に向けて貯金し始めた。酒もタバコもやらず、寮でダンボールを家具代わりにしていたので、同期には「僧のような生活」とからかわれた。会社では、国際イベントに英語や仏語の通訳をかって出たり、社内のボランティア活動を率先して始めたり、さまざまなことをした。

社員を個人的な趣味のために遊ばせる会社もなかろうと、夢を口にすることは少なくなったが、僕は毎回、自分の夢の欄を作ってレポートを出し続けた。反応はなかった。そのうち、後輩社員も次々入社してきて、担当業務も責任も大きく重くなった。その時26歳。このままでは、自分の夢を実現するチャンスがなくなる！

夢を引きずったままの安定した日常か、夢追い人となるか。僕は後者を選んだ。今しかない。仕事や金は取り戻せても、時間だけは戻らない。「20代のうちに自分の足で回って世界を見ておきたい」。その思いをミキハウスの親父にストレートにぶつけた。これが最後のレポート、願いが叶《かな》わなければ、会社を辞めるしかない。人情の厚い社長の人柄と、さまざまな夢の実現に向けて走りつつある社風に惹《ひ》かれて入社させてもらったが、この縁ももうここまでか……。

その新年会の後、しばらくして、上司に呼ばれた。

「タツ、社長は給料も出すから行ってこいって。期間も希望通りでええって」

えっ、給料まで⁉ ウソだろ⁉

聞けば、月1回の報告書提出以外は、一切宣伝活動などの義務もないという。できるだけ純粋な形で夢が叶えられるように、との配慮《はいりょ》だった。言い出した本人ながら、僕はこんなことがあるものか、と頭をガーンと殴られたような衝撃《しょうげき》を受けた。

入社4年もたたずに4年以上の有給休暇が認められ、社内の反応に神経質になった。が、そのあまりの期間の長さに、「よく決心したな。俺の夢まで叶えてくれ」「期待している」と餞別《せんべつ》をくれる人まで現われた。

後で聞いた話では、社長は、「1人ぐらい普通に仕事せんと、変わったことやってる奴《やつ》がおってもええやないか。タツやったら、外国行っても敵つくらんと、上手にやっていけるやろし、応援してやりたいんや」と、他の社員に漏《も》らしていたようだ。

急に身辺が慌《あわ》ただしくなった。世界一周の資金的なバックアップが保証されたものの、出費を抑えるために、構想にあった協賛企業回りも1人で始めた。通常業務をこなしながらだったので、ほとんど寝ずに出社することもあった。

その頃、日本の経済は最悪の時期。コネもなく飛び込みのお願いで、1割でもよい返事がもらえればいいだろうと思っていたが、予想はいいほうに外れた。「お話をうかがいましょう。来社してください」から、「わかりました。品物を用意しておきます」まで、きわめて反応がよかったのだ。見ず知らずの人の間で、夢が広がっていくのが嬉《うれ》しかった。

1995年9月26日、会社から温かく送り出してもらい、関西国際空港からスタート地点のロンドンへと向かった。出国手続きをすますと急に1人になり、大海にこぎ出した小船のような不安に襲われた。すべてが保証されていた生活から、未知の世界でのたった1人の日々が始まる。頼れるのは、生身の自分しかない。

実感が湧《わ》いてきたのは3カ月半かけてヨーロッパを走り、スペイン南端、ジブラルタル海峡に立った時。これからの4年間、地球を一周するのに耐えうる体と心の準備を、まさに終えたところだった。海の向こうには、冬の湿った空気にかすむ〝暗黒の〟アフリカ大陸が横たわっている。わずか20キロの海峡を渡れば、未知の世界。

理由をつけて出発を延ばし延ばしにしている自分を自ら後押しして、1996年1月18日、僕は自転車と共にアフリカ行きのフェリーに乗り込んだ。不安を言えば切りがないが、迷いもない。今、僕のすることは、手に入れたこの奇跡のようなチャンスを精いっぱい生かすべく、しっかりと大地に足をつけて前に進む以外ないのだ。

「黒人も白人も同じ人間。
僕らの国にいる間は、僕らが世話したいんだ」

STAGE 1

01/96-02/97

アフリカ

［走行ルート］

ジブラルタル海峡
バルセロナ
カサブランカ
＜ブラヒムの家＞
「ヒゲがいいわ。とてもいいわ」
モーリタニア
サハラ砂漠
＜「カトちゃんペッ!」の村＞
＜マ・スール末吉のいたミンドロー＞
＜シェリフのいたカリヤ村＞
マラリアと
赤痢を併発!
キリマンジャロ山
＜ヤウンデ＞
窃盗グループ
に遭遇!
ケープタウン
希望峰
＜ブッシュマンの集落＞
AIR,SHIP,TRAIN etc.
BICYCLE

村に泊まるということ。カトちゃんペッ！――――――セネガル

西アフリカのモーリタニアからセネガルに入国して、サハラ砂漠の西端を南下していた。僕は珍しく、トモという男としばらく一緒に走っていた。

その日は道沿いの村に泊めてもらおうと、トモと走りながら計画していた。木陰《こかげ》でたむろしている男たちに、「ここの村で泊めてもらえないだろうか……」とフランス語で話しかけると、「村長のところへ行け」と言う。連れて行かれた大きな土でできた家の裏庭では、女たちが集まって夕食の準備をしていた。

タイミングよくその場にいた村長に頼んでみる。

「僕ら日本から来た自転車の者で、今日はもう日没で先へ進めないので、なんとか泊めてもらえないでしょうか？」

40歳くらい。ダラーという王様のようにゆったりとしたマントを着た、意志の強そうな、いかにも「私が村長です」といった雰囲気の男は、少し考えた後、表情を変えずに「部屋ならあるよ。こっちへ来なさい」と。そして緊張した僕らの先に立って歩き、平屋のドアを開

けた。

　ホコリっぽい10畳ほどの部屋には窓が2つとゴザ、そして電気まであった。壁はきれいな青に塗られている。助かった、テントを張らなくてもすむ！　1日走ってからのテント設営は楽じゃない。

「メルスィー　ボクー!!（どうもありがとう!!）」

　ホッとした僕らは、村長と握手してから自転車を部屋へ運び込んだ。やった、やった、今日は屋根のあるところで泊まれる！　顔を見合わせて僕らも握手した。


　日が沈みかける頃、外の木の長椅子に2人して座り、「いやはや、よかったよかった」とボトルの水を飲む僕。タバコをふかすトモ。ふと気がつくと、さっきまで遠巻きに見ていた10人くらいの子どもたちが、だいぶ近くまで寄って来ているではないか。みんな見なれぬ東洋人が村に来たので、好奇心がはち切れんばかりといった様子。そこでトモが右手をゆっくりあげて言った。

「オ〜〜ッス！」

　すると、2、3人が右手をあげてニコニコしながら返した。

「オ〜〜ッス！」

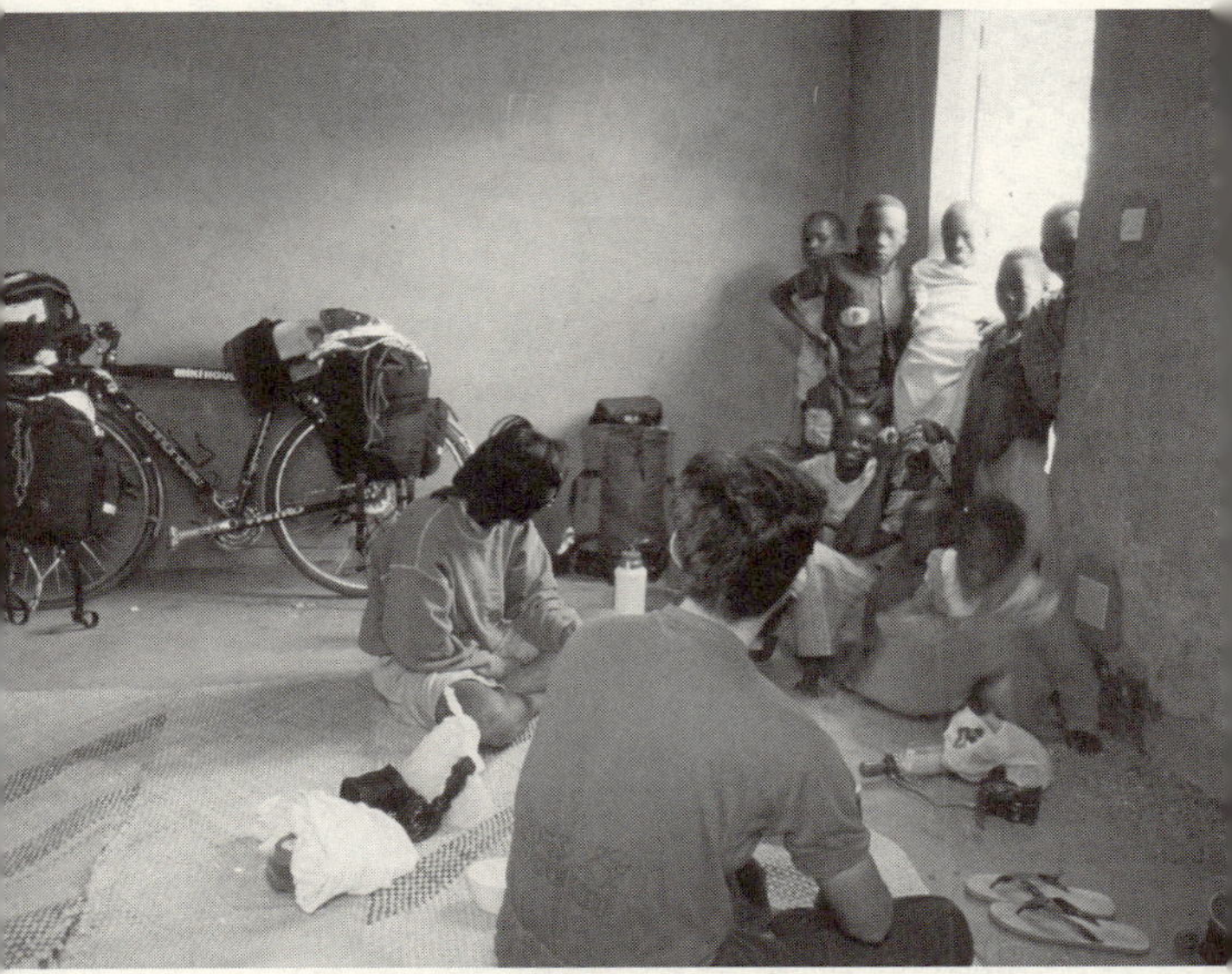

好奇心いっぱいの子どもたちがやってきた！

小さくキャッキャッと顔を見合わせて飛び跳ねた。か、かわいい！　もう一度トモが「オ〜〜〜ッス!!」と大きく言うと、子どもたちは全員いっせいに「オ〜〜〜ッス!!」。

背伸びしながらカン高い声でキャッキャッと、男の子も女の子も笑い出した。僕らもあまりのかわいらしさと、この単純過ぎるほどのやり取りに思わず声を出して笑ってしまった。

僕らが笑うとその笑い方まで真似《まね》する。トモと「こいつら、かわいいなあ」と話していると、子どもたちも「かわいいなー」「かわいいなー」とこれまた真似する。

僕らが反応すればするほど、子どもたちはエキサイトしていく。それじゃあと、僕が一度テレビで見た、あまりにもくだらないのでよく覚えている「カトちゃん　ペッ！」を、鼻の下に指を当ててやると、みんな待ってましたとばかりに「カトちゃん　ペッ、キャーーーッ!!　キャーーーッ!!」といっせいに大騒ぎ。僕ら自身もバカ受けしてしまったのでもう大変。笑うわ踊るわ、子どもたちは大爆発。

「カトちゃん　ペッ！　ペッ！」「キャーーーッ!!」「ギーーーッ!!」

子どもはどんどん集まり、なかにはトランス状態になって激しく飛び跳ね、叫びながらグルグル回転する子まで出てきた。手がつけられないほどハジケまくっていた。正直驚いた。でも一方で、騒ぎ過ぎてマズイなあ……と思った矢先、様子がおかしいとさっきの村長が見に来てしまった。

「ナントカ、カントカ！　トアッ!!」

彼が現地語で何か言うと、40人くらいいた真っ黒な子どもの集団は、クモの子を散らすように一瞬にして消え失《う》せたのだった。アフリカはすごい。恐るべし、ブラックアフリカ。

村長はいうまでもなく、年配者にはとても強い威厳がある。ちょっと悪かったかな……と村長を見ると、横顔は明らかにムッ。僕らは顔を見合わせて、小さく肩をすくめた。

「アッサラーム・アレイコム（こんにちは）」

サハラ砂漠に飲み込まれたモーリタニアの首都、ヌアクショットの安宿に、ターバンを巻き、モーリタニア人にしては珍しい銀縁の眼鏡をかけた小汚い男がやって来た。なぜか流《りゅう》暢《ちょう》な日本語を話し、日本製の自転車に乗っている。

彼は井戸《いど》智啓《ともひろ》、通称トモといい、意外や意外、日本人だった。地雷があるため僕が陸路で行くのを避けてきた西サハラを、陸軍のコンボイと鉄鉱石用貨車でくぐり抜け、１００パーセント走行不可能といわれた五百数十キロの砂漠を走破して来ていた。そんな26歳の木工職人トモは、完全に現地人化していた。

彼はモロッコで病人の家に寝泊まりし、食事や掃除など現地人の面倒をみたり、モーリタニアにビザなしで入国しようとしたり、黄熱病の予防接種をせずに入国したり（本来入国できないはずなのだが……)。卵や魚を生で食べ、水はもちろん生で飲む。ナカナカすごい奴だ。彼の信条は「現地人以下の生活はしない」だという。うーむ、すごい奴だ。

スペイン語、英語、アラビア語を勢いだけで操《あやつ》るトモは、「男が一度決めたら、やらないかんじゃん」と、サハラ砂漠縦断を夢見て6カ月前に日本を発ったが、アルジェリアではイスラム原理主義派によるテロが続き、入国できずに近隣諸国を走っていた。彼も同じルートでガンビアあたりまで南下するというので、約800キロを一緒に走ることにした。旅が始まって以来約5ヶ月ずっと1人だったので、僕はパートナーができて嬉しかった。


話を村に戻そう。日が暮れて、晩飯をどうしようかと部屋で話していたら、なんと村長自らが、ホウロウの洗面器に入ったセネガル風肉じゃがとパンを持ってきてくれた！　予期せぬもてなしに感動しながら、感謝の言葉を繰り返すトモと僕。

トモは挨拶《あいさつ》に関して発作的にびっくりするほど丁寧になることがあり、この時も村長が見えなくなるまで「メルスィー、メルスィー」と右手を胸に当てながら繰り返していた。交渉事になると腕組みをしてムチャクチャ強気になり、見ている人間をヒヤヒヤさせるほどの男なのに。

セネガル風肉じゃがをおいしくいただいていると、うわさを聞きつけた村人が入れ替わり

モーリタニアからガンビアまで一緒に走ったトモ

立ち替わり様子を見に来る。通りすがりの旅人なのに、さりげなく気をつかってくれ、村は本当に温かい。

翌朝の出発時、どこからともなく昨日の子どもたちが集まって来て、村長の目を気にしながら「カトちゃん　ペッ!」「カトちゃん　ペッ!」とやり出した。セリフも発音も、鼻の下に指を当てる動作も完璧《かんぺき》で、記憶力と勘のよさにあらためて驚く。

村長と住所交換をしているうちに、あっという間に人だかりができ、オバちゃんたちもわけもわからず「カトちゃん　ペッ!」「カトちゃん　ペッ!」と始める始末。この厳しい自然環境と食料不足の中で生き延びるには、この潜在的な明るさとノリが必要なのかと、みんなの〝生《せい》〟の根底にある力強さを感じた。

アフリカのオバちゃんたちが真顔で「カトちゃん　ペッ!」と鼻の下に指を当て、ひと呼吸おいて自ら「ガハハッ!!」と笑う姿を想像してほしい。そこにいたみんな、村長までも笑った。声を出して腹の底から大笑いした。

笑いながらも、熱いものが込み上げてきそうだったので、出発しようと自転車へ向かいかけると、村長が言う。

「今日は村で子どもが生まれるんだよ。ぜひ赤ん坊に会っていってくれ。だからもう1泊し

住所交換は旅の楽しみのひとつ！

なさい」。そして、「その赤ん坊には、君の名前を付けようと思うんだが……」と。

昨日ひと晩、たまたま村に泊まったよそ者にここまで言ってくれるのは、いったいどういうことなんだろう……。ここまで僕らを受け入れられる彼らは、何者だろう。流れつき、そして流れ去って行く僕らをなんの思惑もなく包み込んでくれたこの人たちの大きさに負けないよう、優しさとプライドをもって僕も生きなければ……と胸がぎゅっとした。


村長の申し入れに応《こた》えたかったが、日程もかなり遅れていたので、相当後ろ髪を引かれながらも先へ進むことにした。深い砂にタイヤをとられながら重い自転車を道路まで押し始めたら、子どもたちがワッと集まって来て一緒に押してくれる。自転車は氷の上を滑るように走った。「1人では何もできないんだ」——その時、そう思った。

村じゅうの人が見送りに出て来たかのような大騒ぎとなり、村を通る唯一の舗装道路を埋めた。さながらツール・ド・フランス（世界最大の自転車レース）のスタート風景のようだった。握手してもしても、し切れない無数の小さな手が伸びてきて（なかには何回も手を出している子もいた）、僕らは〝スター〟と化した。

「また来てね！」

別れを惜しみながらゆっくりペダルをこぎ出すと、裸足《はだし》の子どもたちが大集団でギャーギャーと追いかけて来る。「カトちゃん　ペッ！」をやりながら走っている子もいる。朝日を浴びてキラキラと輝く大きな目、ツヤツヤした黒い肌、すっかり開放し切った表情。人を突き動かすことができるのは、やはり人でしかないと思う。

ペダルも軽く、スピードが上がり、村の端まで来ると集団も縦に伸び、バラバラとなった。振り返っても振り返っても村人は手を振っている。

すがすがしく送り出してくれたあの砂漠の村の光景は、今でも鮮明に思い出される。初めてアフリカの村にお世話になった時の出来事だった。それから1年以上、本格的に始まるアフリカを「走っていける」、そんな確かなイメージをもたせてくれた大切な村だった。

忘れられない。タジンの味とブラヒム――モロッコ

モロッコのマラケシュからアトラス山脈を登り始めて、厚いホスピタリティで知られる先住民ベルベル人の住む山岳部を走っていた。アーモンドの白い花、険しい山肌、雪、川、雲……きっと何百年も変わらない姿なのだろう。この山脈を南に越えたら、サハラ砂漠だ。

氷雨の中、荒れた道を登り切ると、1軒の廃屋があった。雨宿りしながら空を窺《うかが》うが、や

む気配はない。すでに夕闇《ゆうやみ》も迫っている。今日の宿はどうしようかと考えていると、1人の中年の男が道を登ってきた。農作業の帰りだろうか、鎌《かま》を持っている。怪訝《けげん》そうな顔をしているので、軽く手をあげると近寄ってきた。「アッサラーム・アレイコム」と挨拶すると、彼の表情が緩み、心配そうに言ってくれる。

「ワーレイコム・アッサラーム。どうしたんだ」

「今日はここで野宿しようと思って」

「外は寒いぞ。うちに泊まっていけ。飯もある。寝袋はあるか？」

男はベルベル人で、名前はブラヒムといった。年は40代後半かと思っていたら、まだ35歳の若さ。22歳の元気な奥さんと、2人の子どもと暮らしていると言った。

石積みの家は、道から見えないようにひっそりと建っていた。突然の来客に奥さんは驚いたが、ブラヒムと一言二言交わすと、安心したようだった。部屋は一つ、明かりは裸電球だけだが、薪《まき》ストーブのおかげで暖かい。4歳のモハメドは、好奇心旺盛な目で僕を見つめる。きっと久しぶりの客なのだろう。

運ばれてきた夕食のハリラ（コリアンダーというスパイスの効いたトマトスープ）とタジ

ン（羊肉と野菜の煮込み）は、冷えた体に最高においしかった。どんな高級レストランより、気持ちのこもった家庭の味が一番のご馳走《ちそう》だ。

一つの鍋《なべ》のタジンをみんなで分け合ったので、家族の食べる量が少なくなって申しわけないなあ、と思っていた。その時、ブラヒムがすまなそうに「肉が入ってないんだ……」と言ったので、さらに申しわけなくなった。僕は肉がなくても、精いっぱいのもてなしに満たされていたから。

食後、甘いミントティーを飲みながら、モハメドに折り紙で鶴《つる》を折ってあげた。すると、ブラヒムのほうが先に手に取って、子どものように喜んでいたのがおかしかった。モハメドも気に入ってくれて、鶴をみんなの目につかないところに隠してしまった。

翌朝、目を覚ますと、僕の分だけ手焼きのホブス（アラブのパン）とオリーブ油（パンにつける）、そしてミントティーの朝食が用意されていた。ラマダーン（断食月。日の出から日の入りまで、厳密には唾《つば》も含めて一切のものを口にしない）中なので、イスラム教徒のブラヒムたちは食べることができないのに、かまわず出してくれる。この思いやりが、本当にありがたい。

出発の準備をしていると、折り鶴で一緒に遊んだモハメドが落ち着かなくなり、大声で泣き始めた。自転車を運び出す時に、目を真っ赤にしたモハメドがチラッと出てきたが、すぐお母さんに連れ込まれてしまった。僕が去ってしまうのが原因らしかった。

一宿一飯の世話になったので、いくらかのお金を渡そうとしたが、ブラヒムは首を横に振る。いや、食べた分だけは払うよ、と差し出すと、今度は素直に受け取ってくれた。欲がなく、気持ちがいいくらい素直な男だ。ベルベル人はみんなこうなのだろうか。もてなしはその中身より、こめられた気持ちが大切であることを思い知らされる。

別れ際、ブラヒムと頰《ほお》を合わせる。まだ旅を始めたばかりで、こんな挨拶は苦手だったが、握手ではわからなかった彼の素朴な生き方がダイレクトに伝わってきた。ヒゲがチクチクしたあの別れは、一生忘れられないだろう。

気がつくと、泣きやんだモハメドがお母さんと一緒に見送りに出て来ていた。モハメドは、折り鶴を手にして笑っている。ブラヒムが彼の肩に手を回し、何かつぶやいた。「この旅人の前途を祝福しなさい」とでも言っているようだった。彼らのプライド、人間としての善を痛感する。

出会っては別れる旅を実感し始めると同時に、これからの旅はきっと幸運に恵まれる、そんな予感に満たされていた。僕は峠に向かってペダルをこぎ出した。

「ヒゲがいいわ。とてもいいわ」――モーリタニア

国土のほとんどがサハラ砂漠で占められたモーリタニアでは、なんと1980年まで奴隷《どれい》が売買されていたという。遊牧民の国で、穀物も育たず天然資源にも恵まれない。

この国の首都ヌアクショットは、大西洋岸に位置するが、海辺の潤《うるお》いといったものをまったく感じさせない。「風の街」を意味するヌアクショット、その名の通りこの街は、絶えず風が吹き、オフィスもホテルもモスクも、建物という建物の入口にはサハラの砂が吹き溜《た》まっていた。近代的な建築物は一切なく、これが一国の首都とは到底考えられない。メインストリートを1本脇《わき》に入ると、深い砂にタイヤをとられ、走れなくなるありさま。なんというところだ!!

イスラム教一色のこの国の人々はアラブ系で、男はヒゲ面にターバンを巻き、ダラーを着ている。女は色とりどりの薄い布を頭からかぶったり、さらりと体に巻いたりして、肌を露出しないようにしている。つくりはどれも素朴だが、実にカラフルだ。男も女も一様にダブダブの服を着ているのは、体との間に空気の層をつくることによって、砂漠の熱と強烈な太

ダラーを着たモーリタニア人と

陽をやわらげ、身を守る工夫をしているためである。

早速僕も白いターバン3メートルを市場で買い、巻き方を教えてもらった。なるほど押しつけられるような太陽の日差しも気にならないし、飛んでくる砂を防げるから、洗髪も楽だ。また自転車に乗り出してからわかったことだが、口までターバンで覆っていると、吐く息に含まれる水分が空気中に逃げていかないため、砂漠でものどの渇きを防ぐことができて、呼吸が楽だった。うーん、たった1枚の布がこんなに役立つとは実に驚きだ。

ところで僕は大学4年の頃からヒゲを生やしている。その頃もよく旅をしていたから、当時は不精ヒゲだった。5年生の就職活動時も、ヒゲのまま面接を受けた。仕事をするようになってからもずっとトレードマークのヒゲは生やしたままだ。

今回の旅ではヒゲ面であることが、とても役に立った。仲間ができやすいのだ。イスラムの世界では、男にヒゲは常識。ないと一人前と見なされず、ゲイと間違えられることもあると聞いた。アフリカ、中東、アジアとイスラム圏を合計1年以上走る間、このヒゲは一種、パスポートの役割を果たしていたと思う。「君のヒゲは素晴らしい！　そういうヒゲはご利益があるので大切にしなくてはならない」とか、「君のヒゲは輝いている」とほめられたこ

ヒゲがあるとなしでは大違い！

ともしばしば。そして、1日に何度も「君はイスラム教徒かね?」と声をかけられた。「いや違う」と言うと必ず残念そうな顔をして、「じゃあ何教だ?」「イスラム教はいいぞ」「改宗しろ」「アッラーは絶対だ!」とトクトクと説教が始まるのだった。

遊牧民のテントを訪ねた時には、若いイスラムの女性が顔を隠していた布をとり、「ヒゲがいいわ。とてもいいわ」と、甘いミントティーを入れながらささやいてくれたこともあった。

僕は1日に5回、モスクから流れてくるアザーン(肉声によるお祈りの時間の合図)が好きだった。これを聞くと気分が落ち着き、ある時はざわざわと血が騒いだ。イスラムの男は何をしていても時間になると手を止め、祈る。一度、走っていると突然目の前で乗合タクシーが止まり、男たちが全員降りてきたと思ったら、いっせいにメッカの方角を向いて祈り出したのには度肝《どぎも》を抜かれた。僕もできる限り、見様見真似で一緒に祈ったものだ。

モスクにも行った。ある時、祈り終わってモスクを出ようとしたら、立派なヒゲ面の男に声をかけられた。

「君はイスラム教徒なのか」

ヤバイ! イスラム教徒以外がモスクに入るのはご法度《はっと》なのか。でもここは正直に答えたほうがよいと思い、「イスラム教徒ではないが、あなた方と祈るのが好きなので、一緒に祈っている」と言った。

「そうか。それにしても、そのヒゲはイカしているぞ」

男の顔に笑みが浮かんだ。

アフリカの洗礼、それは下痢から始まった――ギニア

脇道から出てきた女の子が僕を見て「ヒイッ!」と叫び、目を丸くして全速力で逃げて行く。黒人以外見たことがないのだろう、気の毒なほどビックリしていた。頭に乗っけた荷をその場に残して逃げる子もいる。それを見て大人たちが手を叩《たた》いて大笑いする。他の子どもは逃げる真似をしてからかう。その光景がおかしくてたまらない。

西アフリカのギニア共和国。出会いは楽しいが、60キロ以上走る日が5日間続き、疲れがたまっている。村人と話をして元気を出そうと思うのだが、出てこない。走行を切り上げようと、昼飯をとった食堂で泊まれそうなところを尋ねると、20キロ先のカリヤ村にクロワ・ルージュ（赤十字）があるから、そこのシェリフのところへ行け、と教えてくれた。道中、

水を運ぶのは子どもたちの仕事

太陽が強烈なので日陰を探すが、木の陰はあまりにも小さくて休むことができない。

ようやく道沿いに、白っぽい平屋の建物が見えてきた。あれだ……。自転車を押して、道から外れる。

上半身裸で出てきたギニア人医師シェリフは、汗でツルツルの僕の手を握り、喜んで迎え入れてくれた。28歳のわりに貫禄《かんろく》があるシェリフは、地域の医療全般を1人で担っているという。井戸での水浴びをすすめてくれたり、子どもにバナナを買いに行かせたり、あれこれと世話を焼いてくれる。「黒人も白人も同じ人間。僕らの国にいる間は、僕らが世話したいんだ（アフリカでは日本人も白人に含まれる）」という気持ちを、わかりやすいフランス語で話してもくれた。ホッとする。

休んだ後、「少し村を見たい……」と言うと、シェリフは仕事を放って案内してくれた。目にするものすべてが新鮮。〝生〟そのものが営まれている光景に、感動を抑えることができない。同じ地球に生きながら、ここでは昔と何一つ変わらぬ方法で土の家を建て、畑を耕し、米をつき、パチンコや罠《わな》で猟をして、マッチを使わず火をおこし、毎日を暮らしている。

食べ物は種類も量も少ないので、食べられるだけでなんでもおいしい。暮らしていけなくなれば、遠い親戚でも頼ることができる。だからみんなたくさんの兄弟がいて、助け合いながら生きている。年配者を敬い、ちゃんと面倒をみる。世界で最も貧しい地域にありながら、物乞《ものご》いがほとんどいないのは、昔からのこんな風習が残っているからだ。

手足の先がなくなっているハンセン病の人々に、ボロを着た男や女が小銭を渡す。物があればみんなで分けて、とっておくことをしない。1食分の米、洗濯石鹸《せっけん》、食用油、塩に至るまで、必要な分だけその都度買う。物がなければ工夫する。壊れたら直す。だから捨てることがない。使えなくなったタイヤやチューブは、サンダル、バケツ、ロープ、子どものおもちゃに変身する。プラスチックのオケが割れたって、しっかりつなぎ合わせる。

白人の僕が村に入っても、シェリフが一緒なので、温かく受け入れてもらえた。

「イソマ！　タナームレ？（こんにちは！　元気ですか？）」

現地の言葉で挨拶すると、村人の表情がパッと変わる。

疲れていたが、さらに隣の村まで歩いた。途中から、シェリフの「もう着くから」と僕の「もう着くから」の距離感の違いに気付きながらもなんとか進み、5キロほど歩いただろう

笑顔の絶えない子どもたち

か、やっと隣村に着いた。村長に挨拶をしたが、僕は疲労と暑さで頭痛がしていた。最悪なことに、水の入ったボトルも置いてきてしまっていた。

シェリフに遅れながら、気が遠くなるほどの長い道のりをトボトボと帰った。戻ると彼はすぐにマットを用意してくれて、涼しい外で横にならせてくれたが、「明日はダメだなあ……」。僕は翌日もこの村で休養をとることを考え始めていた。

村人が入れ替わり立ち替わり訪ねてきても、僕はあまりの疲労に、気付かないフリをして横になっていた。そして、そのまま外で眠りについた。長い1日だった。

翌日は日曜日、村は週に一度の青空市。診療所は子どもの予防接種の日。

僕は昨日の頭痛を残したまま、市場をひやかして歩いた。調子が悪かったが、「大丈夫、大丈夫」と自己暗示をかけながら、村人と話したり写真を撮ったり。

しかし、午後になると熱っぽく、起きているのが苦痛になったので、またシェリフのところで横になり、ここ数日間のことを面倒臭く思い返しながら、目を閉じた。

「ちょっとオーバーペースだったかな……」

日没頃、まさかと思ったが、ひどい下痢《げり》が始まった。今日は食欲もなかったし、悪寒がしていたので、普通の下痢ではない気がした。そしてわずか1時間で、熱が一気に39・5度に達した！　発汗《はっかん》が始まり、悪寒《おかん》が続く。遂に僕のところにも来たか……。

――マラリアだ。

マラリアと赤痢。日本に帰りたいが帰れない――ギニア

隣の診察室のシェリフに様子を伝えると、案の定、マラリアだと言う。僕は持っていたキニーネという治療薬を飲んだ。悪寒が30分ほど続き、ありったけの毛布をかぶったが、体が骨から震えて仕方ない。おさまったかと思うと、今度はダラダラと汗が流れ始めた。夜中、熱はさらに上がり、40度を超した。下痢はタレ流し状態になり、フラフラと這《は》うようにして外に掘ったトイレへ通う。時々襲ってくる吐き気とめまいに耐えられず、その行き帰りにうずくまった。そしてさらに耳まで聞こえにくくなったのには驚いた。一生このままだったら、と考えると、隣で寝ているシェリフに耳のことを聞くのさえ恐ろしかった。

「え？　え？　え？　え？」

シェリフの言っていることが聞きとれない！　でもどうやら、それは薬の副作用で一時的なものだ、と言っているらしいのがわかり、ちょっと安心。

トイレの穴には、餌《えさ》を求めてさまざまな昆虫が集まっている。アフリカの虫はどれもこれもデカイ。たぶんゴキブリだろう、体長7〜8センチはあるのがウヨウヨしている。それ以外にも、体当たりしてくる巨大バエや見たこともない虫がうごめいていた。そして極めつきに、タマを蚊《か》に刺された。すごいショックだった。いつ見ても、冴え冴えとした月の位置が変わらないほど、頻繁に苦痛と恐怖のトイレに通った。そのたびに体力も一緒に流れていき、明け方には立ち上がるのさえ困難になっていた。

ライトでは確かめられなかった便を朝になってから見ると、鮮血が混ざっていた！　頭のてっぺんまで鳥肌が一気にかけ上る。

——マズイ、赤痢《せきり》だ。併発してしまった。これは長引くかもしれない。

見かねたシェリフは、注射を打とう、と言ってくれた。現地の医者なので、信頼して尻へ打ってもらった（後で調べたらキニマックスという薬だった）。

日中、熱は38・5度まで下がったが、寝ていると肩、後頭部、そして顔から異常に汗をかき、枕がビッショリになる。

「サバ・パセ、サバ・パセ（大丈夫、すぐよくなるよ）」

というシェリフの言葉にどれだけ励まされたことか……。落ち着いて考えてみると、発病

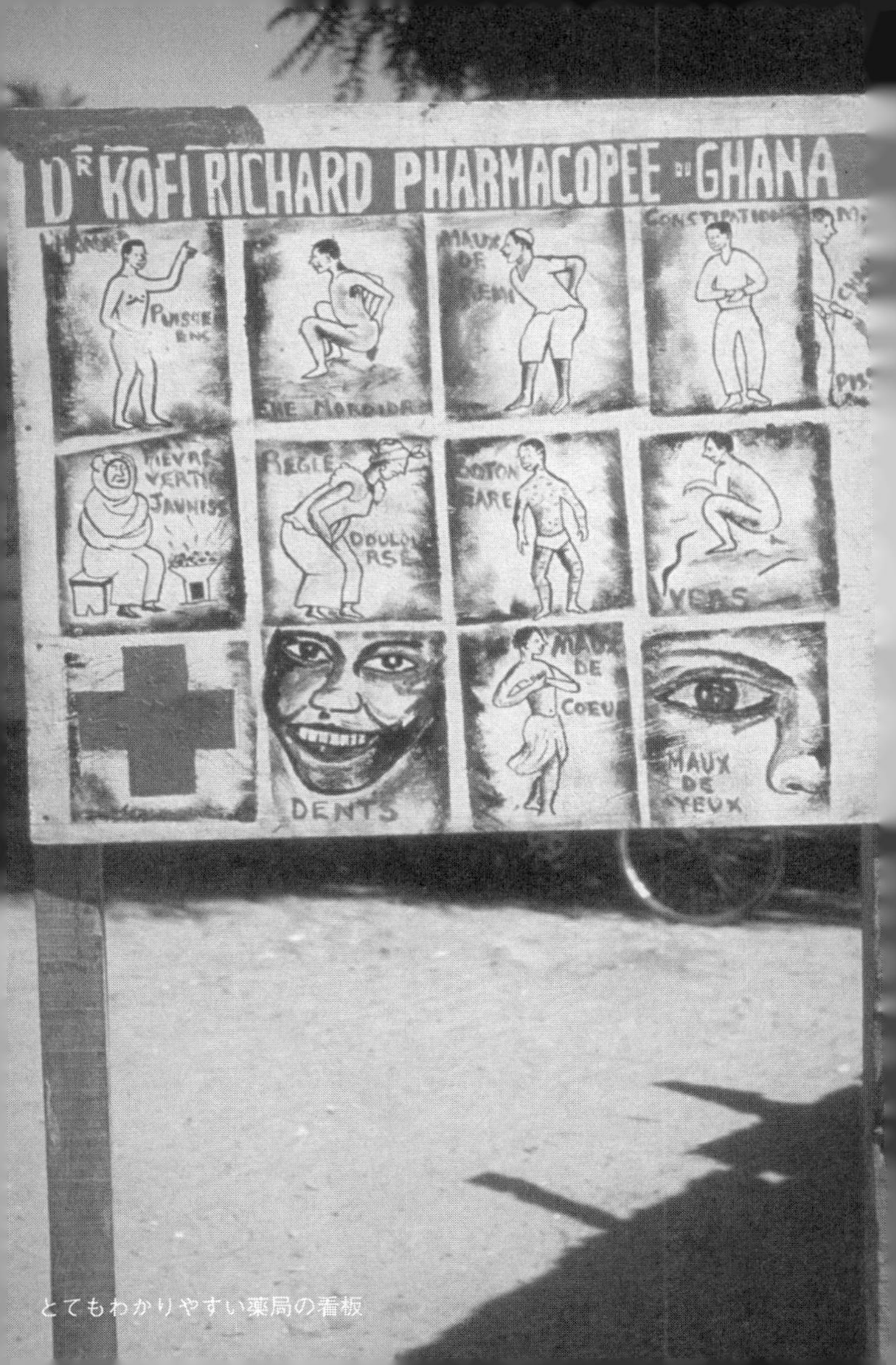

とてもわかりやすい薬局の看板

したのが医者のところとは、不幸中の幸いだった。

うわさを聞いた村人がお見舞いに来てくれる。オバちゃんはマリンケ（部族語）で話しかけながら、手を握りしめ、腕をさすってくれた。手のぬくもりが、何よりありがたかった。オバちゃんたちの陽気な笑顔、豪快な笑い声、男たちの「大丈夫、すぐ治るよ」という目。子どもは、ドアの陰から心配そうにのぞいてくれていた。

「日本では病気の時には、お粥《かゆ》を食べるんだ」なんて近所のオバちゃんに説明していたら、翌日、日本のお粥そのものが鍋にいっぱい運ばれてきた。飛び起きるほどびっくりして、ギニアでも食べるのかと聞くと、「こんなのは初めて。特別にこしらえた」と言う。

母が携帯用にと、よく乾かして持たせてくれた梅干とお粥を食べながら、涙が止まらなかった。

暗くなる頃、再びマラリア原虫が血液の中を流れ始め、熱が上がるのがわかった。急いで飲み水や薬、体温計、タオル、ライトなどを寝床の手の届くあたりに集め、フーッ！　と横になる。40度近く発熱してからだと、動こうにも動けないからだ。

「アスピリンは飲んだか？」

シェリフが心配そうにのぞき込み、蚊帳《かや》を吊ってくれた。

しかし、丸3日たっても、血便と滝のような下痢が止まらない。昼夜を問わず、目が覚めると枕が汗でびっしょり濡《ぬ》れている。こんな汗のかき方してたかなあ……と心配になる。シェリフは手持ちの薬も飲ませてくれていて、そのストックがなくなってしまった。でもおかげで、少しずつ外に出たり、冗談が言えるようになった。夜、熱が37度に下がり、ホッとする。薬が効いてくれている。

4日目。まだ下痢がおさまらない。栄養があまりとれていないので、回復も遅い。太陽の下に出るとくらくらっとして、体力が極度に落ちていることに驚く。太ももの筋肉もすっかり衰えてしまっている。村から先へと続く、あの丘を越えられる日は来るのだろうか。日本のみんなは何をしているのかなあ……。まさかこんなところで僕が病気をしているとは思っていないだろうなあ……。日本のご飯が食べたい！　バランスがとれていて、食欲も湧いてくるあの日本の食卓！　会社の同期が、日本食をセッティングしてくれる夢まで見るようになった。旅の途中で日本人旅行者にもらった葛湯《くずゆ》を作っていると、シェリフがやって来て、「日本が恋しーんだろー、こんなもの食べて！」と茶化す。その通り、その通りなのだよ‼

くーっ、日本へ帰りたい。

シェリフは翌日、20キロ離れた大きな村に用事があるから、欲しいものを言え、と言ってきた。葛湯なんか作っていたから、気をつかってくれているのだろうか。僕は喜んで、卵、チーズ、オレンジ、マンゴー、缶詰《かんづめ》、コーラなどを頼んだ。母親にあれ買って来て、これ買って来て、と甘える子どもの心境だ。

6日目、だいぶ気分がいい。下痢は続くが、腹痛がなくなった。外に出て、自分で洗濯をする。それまではシェリフが、クソのついたパンツまで洗ってくれていたのだ。彼は元気が出るように、そしてここの思い出にと、ギニアの服をオーダーしてくれた。どこまで優しい奴なんだ。そしていったい自分は何が返せるのだろうか……と悩む。

7日目、ついに便が1日1回になった！　普段はなんとも思わないが、ちゃんとしたクソが出てくるのは、ものすごい感動。薬は飲み続けた。

でも、さすがにそろそろ出発しないと、ギニアのビザが切れてしまう。コートジボワールとの国境まであと600キロもある。クソとともに抜けていった体力を、早く回復させなくては……。もし明日も下痢がおさまっていたら、明後日に出発しよう。少しずつでも走らないと、回復もしない。

8日目の朝、再び、下痢。一気に気分が落ち込む。明日出発できるだろうか。シェリフはもっとゆっくりしていけ、と言ってくれるが。

翌日の旅支度を終え、シェリフにお金を渡そうとした。治療費、薬代、買い物代、食事代、そして感謝の気持ち。しかし、「俺の国にいる間は、俺たちが面倒をみると言っただろう。金の問題じゃないんだ。それにお前は友達だ。友達から金はもらえない」と、がんとして受け取らない。僕は、2歳しか違わない彼の人格に圧倒された。

9日目早朝、いよいよ出発だ。イスラム教徒のシェリフは、いつもより早く起きてお祈りをすませていた。お互い、いつもより口数が少ないのがつらい。朝食をとり、自転車を道路まで押して行く。遠くから日が昇り始めた。

「シェリフ、ありがとう。手紙で様子を知らせるよ」

「オーケー、ボンヌ・ルゥト！（よい旅を！）」

命を助けてくれたシェリフと固い握手を交わした。言いたいことはいっぱいあるのに僕は他に言葉が見つからず、ただ「ありがとう」を繰り返した。寂しい別れだった。

走り出して振り返ると、お粥を作ってくれたオバちゃんが姿を現わしていた。もう一度、村に戻ろうという思いが湧き上がったが、先延ばしにしたら別れがもっと悲しくなるだけだ。その思いを断ち切った。

そのかわり、思い切り手を振った。シェリフをはじめ、みんなが手を振り返し、こっちを見つめてくれている。僕を救ってくれた村人たち。僕はそれから振り返ることができずに、目の前の坂をふらつきながら登り続けた。もうみんなと二度と会えないかもしれないのが信じられなかった。

僕はペダルをこぎ続けた。自転車にまたがり旅を続けることができる感動が、自分を勇気づける。一方で、自分1人では何もできないことも確信する。出会ったひとりひとりのおかげで、今、僕は生きている。そして、強く思った。

「人間は生きているのではない。生かされているのだ」と。

――今もシェリフとは、年に2、3回、文通が続いている。

「君の財布には悪霊がついてしまった」――カメルーン

残念なことに、カメルーンの首都ヤウンデは、近年治安が悪化している。とくに白人相手の強盗と、カージャックが目立つ。いくら「貧乏旅行してます」といった顔をしていても、旅ができること自体、リッチな証拠だ。お世話になったヤウンデの日本大使館の外壁は、見上げると首が痛くなるほど高かった。

被害に遭《あ》わないために、僕は常に心がけていることがあった。銀行で両替して出て来る時は、必ず出口で立ち止まってあたりを見回し、「私は警戒している」ということをアピールする。歩きながら頻繁に後ろを振り向き、急に進路を変える。カメラを持つ時はビニール袋に入れ、カバンは持たない（カバンさえ持てない人が大勢いる）。いつでも全速力で逃げられるように、靴の紐《ひも》はしっかり結んでおく。バカらしいと思うかもしれないが、いずれも被害者からの教訓だ。やられるのは、スキをつくった自分が悪い。

ヤウンデで滞在していた地区は、とくに夜、人気《ひとけ》がなくなるので注意するよう、しつこく言われていた。もともと旅行者はほとんど訪れないのだが、白人が来ているのを知ると、待ち伏せして襲撃する事件が相次ぐという。僕は夕方食事に出る時は、必ず宿の用心棒を連れて行った。僕が屋台で食べ終わるまで、ビールをおごって隣で待たせていた。

そんな用心深いつもりの僕も、中央郵便局前でとうとう窃盗《せっとう》グループに遭ってしまった。奴らの手口はこうだ。

歩いていると、僕の目の前で1人の男が封筒に入った札束を落とす（!）。すかさず別方向から来た男が拾い、「落ちましたよ」と言って、それを持ち主に返す。持ち主はお礼に日本円で1万円相当のお札を男に渡す。そこでお金をもらった男は、一部始終を見ていた僕にフランス語で、「ああ、見てたかい？　ここに一緒にいた君にも、神からのお礼だ。このお金を半分ずつにしよう。……小さいお札がないんだけど、君はあるかい？」。

穏やかな表情で言って1万円札を僕に手渡し、僕が5000円を渡す状況になる。

「こんな都会にも、村のようになんでも分かち合う精神が残っているんだなあ」としばし感動してしまう。完全に相手のペース。ところが、僕が財布を取り出そうとポケットに手を入れた瞬間、男の目つきが変わったので、「これは違う!」とわかった。ポケットの手を出し渋ると、男も気付いたようで手口を変える。

「たった今、君の財布にお金を落とす悪霊がついてしまった。追い払うために、財布をこうして額に当てろ」

自らの財布を取り出し、汗ばんだ自分の額に当てて見せる。わけがわからないフリをしていると、取り囲んでいる3、4人の男が同じように自分の財布を額に当て、「こうだ、こうだ。お前もこうしろ!」と僕のポケットを指差す。あまりに一生懸命言うものだから、僕もだんだんわけがわからなくなってきて、「おかしいなあ……」と思いつつ、周りにできた人垣を見ると、後ろの通行人と目が合った。真剣な顔をしたそのおばさんは眉《まゆ》をひそめ、小さく首を横に振った。やっぱりこいつらグルだ!

その時、1人が僕の頭上のサングラスを奪った。僕はとっさに手首をつかんでねじ上げると、男は「アウッ!」と大げさに声をあげて、慌《あわ》てて返してよこした。男たちは僕が空手ができると勘違いしたのか、いっせいにパッと後ずさりしたので、その瞬間にできた隙間《すきま》から抜け出そうとすると、「ジェントルマン!」と英語で呼ぶ声。ネクタイ姿のカメルーン紳士が、タイミングよく僕の手を引っ張ってくれた。彼は事態を把握しているらしく、「大丈夫だったか?」と早足で立ち去りながら聞いてくれる。ありがたかった。彼の勇気のおかげで、この国の印象が悪くならずにすんだ。わずか2、3分の出来事だったが、それまで素朴な村ばかり走っていたせいもあって、すっかり油断していた。

2日後、実家に手紙を出そうと再び郵便局に向かうと、同じグループが近寄ってきて、まったく同じように僕の前に札束を落とした。相手はグループなので、前回の恐怖がよみがえったが、今度は無視して通り過ぎた。

彼らは失敗してもまったく構わない。「もともと何もないのだから、失敗して当然」という感覚だ。何度も同じ手口を繰り返しているということは、あれで成功した例があるということだろう。財布を取り出したら最後、どこからか手が伸び、必ず奪い取られる。

アフリカには、泥棒を捕まえるとみんなで取り押さえ、文字通り半殺しにする習わしがある。一度だけそのシーンに出くわしたことがあるが、石を投げつけたり、棒を振り回したりするさまは凄絶《せいぜつ》極まりなく、悪霊がとりついているのではないかと思わせるくらい全員が殺気立っていて、とても最後まで見ることができなかった。それを知っていながら犯罪に走るのは、都市が生み出した一つの病気だろう。

親友の世界一周サイクリスト待井剛《まちいつよし》、通称ヨシは数カ月後、僕と同じ宿に泊まって強盗に襲われた。翌日からの苦しい走行に向けて物資を買い込み、レストランで夕食をすませ、ビールでご機嫌に。アクション映画を見てお土産《みやげ》に買ったケーキを持ち帰るその途中で、待ち伏せされていた。暗闇で2人組に羽交い締めにされ、地面に突き倒され、首を足で踏みつけられたうえに、貴重品の入ったポーチをつかむ手を石でガンガン叩かれて、全部盗られてしまった。無一文となった彼は、再発行のカードが日本から届くまでの2週間、買い込んだ物

厳しい環境でも無邪気にはしゃぐ子どもたち

資を返品してしのいだという。

曰《いわ》く、「いやよかったよ、命まで盗られなくて……」。

●カメルーンでの出会い

シャルトル聖パウロ修道女会
マ・スール・マリー・モニック・末吉様

「実は日本人が1人住んでいるのですが、あそこだけは、私も行きたくないところです」

ヤウンデの日本領事館の長塚さんが眉間《みけん》にしわを寄せ、注意を促すように僕にそう言ったのを、今でもよく覚えています。

首都ヤウンデから奥地のジャングルへ向かって走り始めて3週間、村々に寄りながら、ヤマアラシ、猿、象など初めて口にするものばかりご馳走になりながら、未開の土地を走っていました。ですから、そんなところで貧しいピグミー族の生活向上と宣教のために奉仕するマ・スールにお会いした時は、本当に驚きでした。マラリアをはじめとする、あらゆる熱帯病に加え、砂蚤《すなのみ》という人間の足の爪《つめ》と皮膚の間に卵を産む害虫が棲《す》み、いざという時の助けはあきらめるしかない環境、言葉の問題もあるでしょうし、どのようにすれば数え切れない不安の中、そのようににこやかに生きていらっしゃれるのか不思議で仕方ありませんでした。

「ちょうど白いお米が入ったところよ！」と宝物のように持ち出してこられた白米と、ジャングル野菜のかき揚げは最高でした。３日間ゆっくり休息させていただき、出発の朝持たせていただいた大きなオニギリと、長い間口にしていなかった鶏肉のお弁当。どれだけ元気になったことか。「人から与えられる力は、計り知れない」と、つくづく思ったものです。

書いているとどうも食べ物のことばっかりですが、早朝ミサでの天使の歌声には圧倒されました。「今日は特別な日で、合唱団が来てるんだ！」と教会に急ぎますと、がらんとした空間に、わずか十数名の粗末な服を着たピグミーたちが、思い思いに体をゆすりながら全身全霊で歌っているではありませんか。

実はその歌声で目覚めたのですが、ジャングルのまだ肌寒く、もやのかかったその朝に、僕の魂は驚きと感動で揺さぶられました。

「神に自分の存在を捧《ささ》げた」

そう言い切られたマ・スールの、すがすがしいお顔が忘れられません。今度お会いできるのはいつでしょうか。この手紙が、無事マ・スールのお手元に届くことを祈ります。

1997年2月　南アフリカ共和国　ケープタウンにて　　坂本　達

坂本達　様

美しい大自然を眺めながら、神様の偉大さを再び感じさせられております。先日はお手紙ありがとうございました。4年3カ月ぶり、おかえりなさい。この長い年月に心も体も言葉では表現できない、素晴らしく、奥深いものを体験されていらっしゃるご様子を拝読させていただき、うれしく思っています。

なにしろ、あの苦しみを耐え、最後まで走り続けられた意志の強さ、はじめての国、人々とのやさしい会話の交換、貴方の人間味の豊かさが国々の人々に受け入れられたのだと思います。

しかし、神に感謝することを忘れてはなりません。有名になってうぬぼれてしまえば、すべての経験が空になってしまうでしょう。日本でも、神様に祝福された人生を送れます

ピグミー族のために奉仕するマ・スール

ように！　賢明に働いてくださいませ。私は7月1日にカメルーンへ戻ります。留守が多いですが上京の際はご連絡くださいませ。

Sr. Marie Monique　末吉

2000年4月26日

このお便りは、旅を終えて世界一周の報告書をマ・スールにお送りした時にいただいたものです。その時はちょうどカメルーンから一時帰国されていました。マ・スールはこのように、いつも僕が有頂天にならないよう、戒めてくださいます。

そして、マ・スールがカメルーンに戻られる直前に、東京・九段下のシャルトル聖パウロ修道女会で、再会を果たしました。お年を召されるでもなく、苦労を楽しむかのような、自然で前向きな生き方に、あらためてハッとさせられました。「まだ向こうでやりたいことがあるから」と笑ったマ・スールに、次回お会いする時、僕は「こんなことをやってました」と胸を張って報告できる自分でいようと、心に決めたのです。

ブッシュマンは視力4・0!?――ボツワナ

ボツワナ北部の街マウンから、ハンツィというジャンクションまで約300キロ、4日間の予定で走り始めた。しかし初日、半分も行かないところで舗装が終わり、洗濯板のように波打つコルゲーションという、自転車には最悪の道となってしまった。途中ほとんど村もなく、360度見回しても、暑く乾いた地平線しか見えない。砂が舞う中、アカシアのわずかな木陰で休もうとすると、肌を食いちぎるように噛《か》むアリや、血を吸うダニがウワーッと足を上ってくる。地面に手をつくと、アカシアのトゲが突き刺さった。たまに通る車は、時速120キロで小石をピストルのように弾《はじ》きながら、ぶっ飛んでいく。そのたびに僕は視界がなくなる砂煙に巻かれて、ヤル気をなくす。

コルゲーションを避けて道の端を走ると、アカシアのトゲを拾ってパンクした。この暑さでは、ゴムのりが効かずに、うまくパンク修理もできない。水がないので、パンクの穴を見つけるのも大変だ。

ハンツィの手前、地図にも載っていないクケというブッシュマンの集落で泊めてもらった。村長は、奥さんと3人の子どもと、牛の糞《ふん》でかためた防水の家でつましく暮らしていた。まだ若い村長に水を分けてもらい、離れの小さな倉庫に寝かせてもらう。ツワナ語しか解さなかったので、コミュニケーションがあまりとれず残念だったが、とてもよくしてもらった。

分けられる食料がない、と言うので、夕食にラーメンを作った。しかしガスコンロに砂が詰まり火力が弱かったせいで、玉ネギも麺《めん》もうまく火が通らず、どうしたらこんな味になるのか、不思議なくらい悲惨なマズさだった。

夜、さらに悲惨なことが起こった。倉庫の中だからと安心して、いつも使っているインナーテントを張らなかったのがいけなかった。明け方、左脇の下がヒリヒリと痛み、濡れているのに気付いたが、こんなところが濡れるのはおかしい……、と思いながらも再び寝てしまった。日が昇ってからよく見ると、水ぶくれが破裂している。火傷《やけど》などしていないのになぜ？　と上半身をなで回すうちに、首の後ろと肩にかけていくつもデカい水ぶくれができているのを発見、ゾクッと鳥肌が立った。首の水ぶくれは、すでに1つ破裂している。こんなところで化膿《かのう》したら大変だ。慌てて村長に見せに行った。

村長は眉をひそめながら「うーん」とつぶやいて、自分の背中や子どもの顔や足の水ぶくれの跡と、化膿しているところを次々に見せてくれた。どうやら、ある虫のせいらしい。しまった、傷はつくりたくなかった。衛生上問題があるところでは、化膿してなかなか治らないのだ。そして炎天下、水ぶくれが太陽に当たるとどうなるか予想がつくので、ひどく後悔した。厄介《やっかい》なものをつくってしまった。

1月6日、ハンツィに着く。唯一のスーパーの前で休んでいると、この土地で働くただ1人の日本人、鴻池組《こうのいけぐみ》の阪本さんが現われた。僕が名乗る前に阪本さんは、「やあ、坂本君でしょ。キミのことは、うちのガーナの所長から聞いていましたよ!」。ガーナは半年以上前に通った国だ。僕はその人に会ったこともなかったので、一層驚いた。

阪本さんはいろんな筋からの情報で、僕がそろそろハンツィに着く頃だと知っていたので、時々スーパーを見に来てくださっていたという。

阪本さんのすすめもあって、カラハリ・ゲーム・リザーブの中にある、カデというブッシュマンの集落を訪ねることにした。そこまでは完全な砂地、自転車では無理だというので、政府の医療関係の車に便乗させてもらい、180キロ離れたカデに向かった。

なんとカデにはもう1人の日本人、京都大学アフリカ地域研究センターの秋山氏が、ブッシュマンの調査をしていた。まさかこんなところにまで日本人がいるとは思わなかったので、目を疑った。近くにテントを張らせてもらい、数日間共に過ごさせてもらうことができた。

夜はサソリ、毒蛇、毒グモに気を付けること、1週間前の落雷でヤギが6匹死んだこと、マラリアの心配はないこと、井戸の場所などを教えてくれる。日本に帰りたかったのは、3

〜4日連続の砂嵐で何もできなかった時以外はない、という彼の精神力は相当なものだ。

僕はブッシュマン語がさっぱりわからないので、秋山氏のおかげで滞在できたようなものだった。彼は「クリック」と呼ばれる舌を打つ独特なブッシュマン語を操る。最初、彼らが喋《しゃべ》っているのを聞いた時、言葉には聞こえなかった。僕の知っている言葉はのどから声を出すものだけど、彼らは違う。舌を打つと同時に声を出す。クリックも4種類あるといい、こんな言葉というか発音は今まで聞いたことがなかった。

朝6時前、日の出と共にテントから這い出した。肌寒いので、ウィンドブレーカーを羽織る。ブッシュマンたちが、砂糖たっぷりのお茶を入れてくれる。新しい客（僕のこと）のうわさを聞いて、その朝はいつもより多くのブッシュマンが集まったそうだ。

彼らは昔から野生動物を追ったり、食用植物を探したりしながら、親族関係に基づく小さな社会で暮らしてきた。今も草や木やアシなどで家を作り、火をたいて食事を作るが、以前のように狩猟と採集のために移動する暮らしは、政府の思惑により、ほとんどなくなったという。

僕はお茶をすすりながら、秋山氏にいろいろと質問を投げかけた。

「ブッシュマン語は、1、2、3、までしか数がないって聞いたんですけど？」

お茶目なブッシュマンのオバちゃん

「ええ、1、2、3、それ以上は〝たくさん〟になります。でも今は貨幣経済が発達しているので、4以上は英語を使ってますが」

「彼らは、視力がとてもいい、というのは本当ですか？」

「ある調査によると、4・0から6・0はざらということですよ」

「ここのブッシュマンは洋服を着ているんですね？」

「今はボツワナ政府が2カ月に一度、服、塩、砂糖、紅茶、マイズミリー（トウモロコシの粉）、石鹼などの生活必需品を配給していますから。というのも、移住の猟生活を送っていた彼らを政府がここに定住させたので、そうして保護しているわけです。もともとは1966年の独立直後にダイヤモンドが大量に見つかり、そのお金をもとに政府が全国民の面倒をみよう、と決めたんです」

「じゃあ、もう猟はしないんですか」

「いや、たまにやっていますよ。先週はゲムズボック（草食動物の一種）を獲って来て、私がその角をもらいましたから。肉は……、そういえば、あいつら持って来ないなあ！」

そう言って、秋山氏は柄がゲムズボックの角でできた斧《おの》を手に取った。角の「巻き」が手にフィットし、丈夫で長く使える、とのことだった。

秋山氏の調査を手伝っているブッシュマン、カンタの家へ連れて行ってもらった。砂の上に大小の木の枝を刺し、ワラで屋根を葺《ふ》いたその家は、風通しがよく、光も枝の隙間から射し込み、日中も暑くならず快適。夜は冷えるので、動物の毛皮を砂の上に敷いて寝るという。家の中にニワトリが入って来たり、中で調理をしたりもするが、とても清潔だ。乾燥しているせいだろうか。

カデ滞在の4日間、一緒に食事をし、罠を見に行くというのでついて行ったり（残念ながら動物はかかっていなかった）、新しく家を建てるための枝やアシを探しに行ったり、楽しく過ごさせてもらった。

それにしてもこんな厳しい自然条件で暮らすのは、想像を絶する。働き盛りの男たちは、臨時で道路整備の仕事があるためにしばらく村を空けることもあるという。政府の思惑によって本来の生活スタイルが崩れてしまっている彼ら。この生活をどう思っているのだろう。

カラハリ砂漠の夜、星の光しか灯らない深い闇に、4、5人の女のけたたましい笑い声がどこからともなく聞こえてくる。この宇宙では何が起こっても不思議ではなく、ただ確かなことは、日が昇りまた沈むという、この2つだけなのではないかと思ってしまう。

ハンツィへ戻る際、ブッシュマンのジープに乗せてもらった。1日1台あるかないかの交通手段。夕方出発したので嫌な予感はしていたが、乗ってみると懐中電灯もポンプもスペアチューブもない。それでもパンク3回を腕と頭と強引さで〝なんとか〟してしまった。彼らと一緒にいると、本当にいろいろ勉強になる。

180キロを20時間かけて走り、奇跡的にハンツィに着いた。ジープを降りた時、一緒に乗っていた若者が英語で聞いてきた。

「ラクサ（運転手の名前）にお金を請求された？」

「いいや、されなかったよ。でも、ガソリン代の一部は渡したけど？」

1台の古いジープに12人も乗り、悪路を飛ばしていては車の傷みも早い。同じ〝車〟を操る人間として、修理ができないほど壊れてしまうのには胸が痛む。

「ラクサは昔、すごくいい暮らしをしていたんだけど、今は貧しくなってしまったんだ」

「どうして？」

「ウィッチ・ドクターさ」

「ウィッチ・ドクター？　呪術師《じゅじゅつし》のこと？」

「うん、彼はウィッチ・ドクターに、もっていたたくさんの牛とヤギを1頭残らず殺され、5人も妻がいるのに、今は文無しなんだ」（5人も妻がもてるのは本当の金持ちの証《あかし》）。

「どうして牛とヤギがウィッチ・ドクターに殺されたってわかるんだ？」

「みんな原因不明で死んだからさ」

「じゃあ誰かが、ウィッチ・ドクターを雇ったということだな」

「うん、そうだよ。でもそれが誰かはわからない。ウィッチ・ドクターはなんでもできるから、みんな本当に恐ろしがっている。車をひっくり返すなんて朝飯前なんだ」

「ふーん」。僕はそれ以上何も言えなかった。

今頃ラクサはどうしているのだろうか。その現実をどのように受け入れているのだろう。僕にはあの数日間の出来事が、まるで別の惑星での話に思えてならない。

ちょっと寄り道 1
自転車や装備のこと

ギリギリの時にも支えてくれた道具たちを供養したい

　自転車はあくまでも「手段」。だから装備は目的に合った、入手可能で一番信頼のあるものを集め、手入れもしっかりした。海外でスペアパーツが手に入るか、修理がしやすいかどうかも重要な選択要素。フィルム、タイヤなどの補給物資はＤＨＬ（国際宅配便）で送ってもらい、現地で受け取った。

【自転車】本体総重量約16キロ
ツーリングバイク（キャノンデール／アメリカ製）計2台。700Ｃホイール、24段変速、油圧式ブレーキ、タンデム用スポーク、スチール製キャリア、ＳＰＤ＆ノーマルペダル、スポンジを巻いたハンドル（長時間走行のため）、使用タイヤ20本(スパイクタイヤを含む)、泥除け、野犬戦闘用のムチ付き棒、極寒キャンプ用シビン(ボトル)、調理用ガソリンボトル、ハンドルやシートポストに隠し金。

【装備】重量約45キロ(フロント・前後サイド・リヤ・トップの6つのバッグに収納。水を除く）自炊・キャンプ道具、浄水機、カメラ、三脚、スライド用フィルム、短波ラジオ、スペアパーツ(ネジ、タイヤ、ワイヤー等)、整備用工具、薬(抗生物質、注射針等)、地図、ガイドブック、食料、非常食、クレジットカード、トラベラーズチェック、アドレス帳、ヘルメット、蚊帳等。

　とくに助かったのは①マイナス30度まで耐えうる羽毛の寝袋、②どんな細菌も取り除くハイテク浄水機、③世界中入手可能なガソリンを燃料とする調理用コンロ。いずれも、僕がギリギリの時にも支えてくれた道具たちで、帰国したら供養しようと思ったものだ。

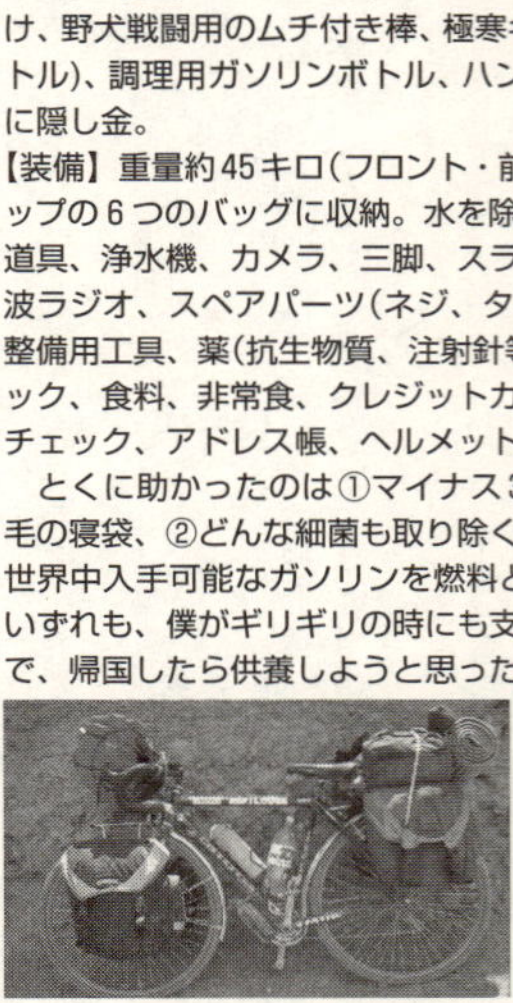

帰国直前、これらの装備が必要ない生活が始まることが奇妙に感じられて仕方なかった

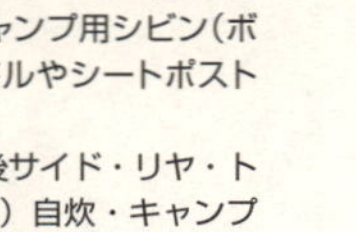

ニコンの一眼レフカメラ一式。ブランド名が目立つと盗難の恐れがあるのでテープを張って隠した

「泊まっていきな。
ターツがよければ、1晩でも2晩でも3晩でも」

STAGE
2

03/97-03/98

中近東-ブータン

[走行ルート]

ソナムに一目惚れ!?
ブムタン谷
<エンジンの家>
イスタンブール
サイクリストの夢
カラコルム・ハイウェイ
ウルムチ
黒海
成都
テヘラン
カシュガル
カトマンズ
ラサ
イスファハン
ヒマラヤ山脈
イスラマバード
ルート砂漠
トラックに拾われる
中尼公路
最高地点:標高5220メートル
冬はマイナス20〜30度
AIR,SHIP,TRAIN etc.
BICYCLE

「トルコでは私たちがターツの両親だよ」――トルコ

トルコ東部、黒海沿岸から内陸部に入ると、交通量も少なくなり、あちこちに羊の放牧が見え、のんびりした田舎の風景が続く。通り過ぎるどんな小さな村にも必ずモスクがあり、コーランが流れてくる。

道路沿いに、ホウレンソウ、リンゴ、クルミなど農家で採れるものを並べる売店がポツポツ現われる。パラソルを出して暇そうに店番をしていた中年の男のところに、僕はツー、と自転車を寄せて止め、休憩することにした。

「おやおや、どこから来たんだい？　まあ、とりあえず……」

椅子を出してくれたエンジンというその男は、僕の自転車を見てあきれている。どこから来てどこへ行くのか、ひと通りの自己紹介をトルコ語で終えると、エンジンは表情を崩した。そして売っているものを一つ一つ、試食というには多過ぎるほど食べさせてくれて、説明を始めた。桑《くわ》の実のビン詰めエキス、ペスティル（桑の実のエキスとクルミを混ぜて固めたもの）、コンポストス（アプリコットの蜜漬け）……。どれも栄養のある保存食だ。

そしてさらに、「今、チャイを持ってくるから」と家に帰り、20分ほどして戻ってきてくれた。そう、トルコはチャイでもてなす国なのだ。走っていると100メートルおきにチャイをかき回す仕草で呼び止められ、これに付き合っていると1日5キロも進めない！

チャイの葉は黒海沿岸で栽培されていて、世界で5、6番目の生産量があるといわれる。入れ方は独特で、2段重ねのポットの上に濃く出した紅茶、下にはお湯が入っていて、透明の丸みを帯びた細長いガラスコップに、紅茶とお湯をブレンドするのだ。これに普通、角砂糖2個と小さなティースプーンがついてくる。

トルコでチャイは生活の一部、人付き合いに欠かせないものであり、チャイがなければ何も始まらない。銀行でも、八百屋でも、警察でも、まずチャイ、そしてチャイなのだ。

チャイを4、5杯も飲み干すと、エンジンの奥さんと息子のスィナンが、昼食をとりに畑から帰ってきた。働き者の奥さんは、休む間もなく昼食を作る。

「ちょうど昼飯だ。食べていきなよ」

出された食事は、質素にして豪快。畑で採れたジャガイモ、青ピーマンの炒めもの、キュウリとトマトと長ネギのサラダ（油と塩で味付け）、酸っぱいチーズ、ヨーグルトにコンポ

チャイハネでたむろする男たち

ストス、パン。どれも切り方が大きいからバリバリ、ングングといった感じだ。

「そろそろ行かなくては……」と切り出すと、雨が降り出した。

「これじゃあ走ったってあまり進まないだろ。よそじゃ宿代もかかるから泊まっていきな」

エンジンは言ってくれる。一瞬迷ったが、この家は居心地がいいし、みんな嬉しそうなので、僕は決心を変えた。「じゃあ、1晩お願いします。明日の朝出発しますから」と言うと、

「ターツがよければ、1晩でも2晩でも3晩でもいいよ」と。嬉しい！

自転車用のタイツをズボンにはき替えると、雨はあがった。なんというタイミング……。

エンジンは早々に店番を切り上げて、家の周辺を案内してくれることになった。

畑へ下りる途中で、洞窟《どうくつ》を改造した牛小屋を発見。なるほど、これなら厳しい冬もそんなに冷え込まない。エンジンが5頭の牛を近くの丘へ放つと、奥さんが乳を搾《しぼ》りにやって来た。チーズもヨーグルトも自家製だったのだ。

畑には野菜や、リンゴ、桃、アプリコット、ブドウとなんでもある。隣は親戚が住んでいるようで、畑仕事をする女たちが、収穫した野菜を手にこっちを見て笑っていた。

エンジンが家の裏手へ手招きするのでついて行くと、地面に大きな木の板が落ちている。持ち上げると、70〜80センチも掘った穴があり、ジャガイモがゴロゴロ……。細長い平屋に

入ろうとすると、ホウレンソウを採りに出ていた中学生の娘が戻って来た。エンジンは最後に、屋根に取り付けた「日本製」のテレビアンテナを自慢したが、あれはどう見てもトルコ製だった。日が暮れて急に冷え込んだので、居間のストーブに薪をくべた。

夕食は、薄いカーペットが敷かれた居間の座卓に、娘と近所の小さな従兄弟《いとこ》が加わった。メニューは昼とあまり変わらなかったが、ご馳走が床にまで並べられた。どれも新鮮でおいしい！食事中、おかずを回してくれたり、パンをサッと手元に置いてくれたり、チャイをついでくれたり、みんなしきりに気をつかってくれる。家族が集まる食事は楽しくて、安心できる。何ものにもかえがたい。

夜、家で思いがけない光景を見た。スィナンが「頭を洗う」と言って、ストーブの上にかけてあった金属製のバケツを下ろした。どこで洗うんだろうと思っていると、いきなり上半身裸になり、部屋の隅《すみ》でかがんで頭を洗い出した。壁に排水溝のような穴があり、不思議に思っていたが、こういうわけだったのか。エンジンが湯をかけてやり、髪を洗い終えるとスィナンはその場にサーッと水を流し、小さなホウキであたりをきれいにした。そういえばシャワールームがなかったなあ。みんな、ここで体も洗うのだろうか。

結局エンジンの家には、2晩お世話になってしまった。僕には、ストーブに近いソファベッドが与えられた。エンジンが、もう1つのソファベッドに寝た。

娘が持ってきた毛布を見て、「別のを持ってらっしゃい」と母親が言いつけた。客には最上のものを差し出すようだ。また、のどが渇いた時いつでも飲めるようにと、枕元に水のビンを置いてくれた。そういえば離れたところにあるトイレも、裏手のジャガイモをしまっている〝室〟も、枕元の水も、話に聞いたことのある昔の日本のようだと思った。

トルコは、チャイでもてなしたり、家で靴を脱いだりすることや、気配りやマナーなども日本によく似ている。先祖が同じモンゴロイドだからとか、明治時代、和歌山の沖で沈没したトルコの軍艦を手厚く保護したのがきっかけだとか言われるが、トルコは非常に親日的な国として知られ、僕もそう実感した。

エンジンは、店番を離れて家に戻り、チャイを入れたり、「寒くないか、ストーブを焚《た》こうか？」と世話を焼いてくれた。夜、歯を磨きに外へ出たついでに星を見ていたら、どこかに行ってしまったのかと、心配してライトを持って探しに来てくれたりもした。

出発の朝、僕の家族の写真を見せると、エンジンも奥さんも、「チョクイイ、チョクイイ」

と言う。「とてもいい」という意味で、日本語みたいだ。

荷物をまとめ終わると、奥さんが自家製ペスティル、コンポストス、クルミを持ってきて、「これからたくさん走るんでしょ」と、ニコニコしながら渡してくれた。どれも力の出る栄養食ばかり。

「お世話になりました。またいつか寄らせてもらいます」

「トルコでは私たちがターツの両親だよ。いつでもおいで!」

エンジンは肩を抱いて送り出してくれた。

自転車をこぎ出して後ろを振り返ると、一家が手を振っている。僕も手を振り返す。しばらく走って後ろを見ると、まだ彼らは手を振っている。2度、3度、4度……。エンジンの家の前から道はひたすら直線で、体が豆粒くらいになっても、まだ彼らが手を振っているのがわかり、心苦しい。カーブを曲がり、見えなくなったところで、僕はホッとスピードを落とした。

後で知ったことだが、トルコでは、遠くからきた旅人のことを「神の客」と呼び、「できる限りのもてなしをしよう、一宿一飯の世話をしよう」という教えがあると聞いて、いたく感動したのだった。

2晩お世話になったエンジン夫妻

トカゲよ、どうしてお前は死の砂漠に生きるのだ？――イラン

目の前に広がるのは、イラン南東部のルート砂漠。そこを、全長320キロの一本道が国境まで延びている。さらにその先には、パキスタンの砂漠が700キロにわたって続く。世界一暑くなるともいわれる砂漠で、その最も暑い7月。今さらと思うが、腰が引けた。

「死ぬからやめろ」

バムで会ったイラン人が口々に言っていた。

出発前日、宿にオートバイのフランス人カップルが、逆コースで到着した。

男は、「道路は問題ないが、やはり暑さと風だろう」と言った。気温は夜でも下がらないというが、本当だろうか。乾燥地帯では、放射冷却で太陽が沈むと気温は下がるはずなのに。

女はどうしようもなく不機嫌で、「もう二度とここは走りたくない」と吐き捨てるように言った。しかし、このルートを避けて進むことはできない。戻るわけにもいかない。

7月4日、朝6時、砂漠の入口、バムからイラン最東部の町ザヘダンへ向かう。まだ早朝だというのに地平線がかすみ、舗装された一本道がゆらゆらと揺れている。

30分も走ると、路肩にトラックが3台止まっていた。トラックを日除けにして朝食をとっている真っ最中らしい。声がかからないかな……なんてスピードダウンすると、「おーい、メシ食ったか⁉」と誘ってもらえた！ ナン、ジャム、バター、そしてチャイの朝食をありがたくいただく。

「俺たちもザヘダンまで行く。乗せてってやろうか」と言ってくれたが丁寧にお断りした。トラックのドライバーは同じ〝道〟を商売としているためか、サイクリストにはやたら親切だ。パッシングやクラクションで応援の合図をくれ、追い抜く時は反対車線まで目いっぱいよけてくれる。風圧でハンドルがとられないように、という配慮からだろう。

実際、樹木も少なく、果てしなく広いイランを何百キロも走って来られたのは、このドライバーたちのおかげだった。はるか彼方に止まっているトラックを見つけると、まさにオアシスを発見した気分になったものだ。

トラックに近付き、太陽と反対側の車体に回り込むと、そこには必ずドライバーと助手たちがいる。彼らの休憩中に呼び止めてもらうと、チャイや、車内の冷蔵庫で冷やしたフルーツなどを分けてもらえる。トラックに冷蔵庫がつけられるなんて知らなかったが、灼熱《しゃくねつ》地獄のイランならではだ。

サイクリストに優しいトラック運ちゃん

昼時になると彼らはバーナーでチャイを入れ、ゆっくりと食事をとる。これに誘ってもらえると最高。「食え食え」と、ケバブ（羊肉の炭焼き）、ナン、生野菜、ヨーグルト、デーツ（ナツメヤシ）など、彼らのパワーランチを分けてもらえるからだ。そして砂糖たっぷりのチャイは、いい糖分補給になる。

しかし、もっと嬉しいことは、彼らが食事の後にとる昼寝。直射日光が遮られるトラックの陰は、きわめて居心地がいい！　太陽が真上にある時は、車体の下に一緒に潜り込ませてもらう。砂漠地帯で木陰がまったくないため、これが本当にありがたい。

「さーて、そろそろ行こうか」

僕もごそごそと起き出す。

「水はあるか。食い物は大丈夫か」

彼らの気づかいに甘える。トラックのドライバーたちには本当にお世話になった。

「何か必要なものはないか」

追い抜きざま、すれ違いざまにスピードを落として声をかけてくれた。こういう時は、素直に好意を受け入れることだ。言葉を交わすだけで元気が出てくる。

午前9時で気温はすでに40度を超えている。Tシャツで走っていたら、ひどい日焼けをして腕に小さな水ぶくれがたくさんできてしまった。アフリカの時のように全身を覆い、サングラスをかけての走行。サングラスをかけていても、夕方には目が真っ赤になった。乾燥して風があるので、胃に穴があいているんじゃないか、というくらい水を飲んだ。それでも尿が少ししか出ないから、すごい勢いで汗をかいているはずなのに、ザラッとした塩が肌に残るだけときている。

正午、ロスタム・アバドという村で午前中の走行を打ち切ることにした。食欲はないが、安食堂で目玉焼きを作ってもらい、ナンと生玉ネギをザムザム・コーラ（イラン製コーラ）で流し込む。この村は、少し雰囲気がよくない。麻薬の産地、ザヘダンへ近付いている証拠だ。「おい、ハッシッシ（麻薬）、やらないのか」と、目つきの悪い男が近寄ってきた。

午後1時、気温は54度。すべてが真っ白に見える炎天下、出歩く人はいない。無人のモスクに入り、アッラーの神に祈ってから、クタッと横になる。祈りの場所で昼寝とは不謹慎極まりないと思ったが、ここは勘弁してもらいたい。

日が西に傾き出してから、気合いを入れて再び走り出す。景色は変化のない平坦な砂漠と土漠で、その中に一本道が続いている。風が出てきたうえに、暑さはいっこうにおさまらず、うんざりだ。

地図にない小さな村は、だんだん危なくなってきた。僕に向かって何かわめく男、道路まで寄って来てサンダルで叩くフリをしたり、投石をするガキ（至近距離から横腹に当たった）。いざという時、頼りにしなくてはならない人たちなのに、これでは不安になる。

街の入口や幹線の要所には、必ず警察のチェックポストがあり、大型の機関銃が設置されている。周辺では、麻薬をめぐるトラブルが多いのだ。自転車はいつもフリーパスだが、この時は「ピーッ!!」と呼び止められた。僕は気持ちに余裕がなくなってきていたので、不機嫌にハンドルを返して戻ると、年のいったその男は無言でコップの水を差し出してくれるではないか。休んでいけ、ということだろう。なんて思いやりのある男だ！　ジーンとくる。丁寧に礼を言うと、今度はアメ玉をくれた。オジちゃん……。

夜8時、走行が限界に達した。日没前に道路下の排水路に自転車ごと下り、テントを張ったが、暑くて中に入れない。外にマットを敷いて横になるが、今度は熱風と飛んでくる砂で休めない。日が落ちてから風も強くなっている。5分おきに時計を見ては、時間の流れの遅さを呪《のろ》った。11時を過ぎても熱風はいっこうにおさまらず、気が狂いそうになる。砂漠は、日中暑く夜は寒いものだが、どういうわけかここは夜も気温が下がらないのだ。「朝が来れば走り出せる」「朝が来なかったことは一度もない」と自分に言い聞かせ、ひたすら、朝を待った。水も相当飲んだ。

この熱風地獄の中、肉体的にも精神的にも逃げ場がない……つまり、自分をコントロールしなくてはならないのだが、それが充分にできない自分。精神的な弱さを否応なしに認めなくてはならないのは、こたえる。

うとうとして時計を見ると、午前3時。風がおさまっている、今のうちだ。ビスケットと羊かんを腹に入れ、サドルにまたがった。

どうしてこんなに長い影が、昼になると真下にしかできなくなるのだろう。白っぽいトカゲが道路を横切った。どうしてお前はこんなところで生きるのだ。教えてくれ。間もなく左前方から風が吹き始めた。

40キロ走って検問所があった。フラフラだった。「水はどこだ」と聞いて、ホースの蛇口をひねる。「アチッ!!」水じゃない、熱湯じゃないか。

朝っぱらから気温は40度を超えている。これからさらに暑くなるかと思うと、とてもここが地球上とは思えない。頭から水をかぶり、ヨロヨロと10キロ走ったところで、意識がもうろうとしてきた。

思考力は限りなくゼロに近い。僕は自転車を降り、路上にうずくまり、地平線に続く道を見つめた。

やがて1台のトラックが見えた。幻覚じゃないだろうな……。僕はボンヤリと手をあげた。トラックが遠くからスピードを落とし、止まってくれた。

「すみません、乗せてください……」

鉄骨を積んだ古いトラックのドライバーは、あきれ顔で僕を引き起こし、自転車を荷台に積んでくれた。

「こんな何もない、暑いところを走るなんて頭がおかしいぞ」

トラックに乗っても放心状態だった僕に、男が何度もそう言っていたのが遠くから聞こえ、悲しかった。黙っていると、さらに聞こえてきた。

「この先はもっと地獄だぜ。気を付けな」

カラコルム・ハイウェイ、会いたかったぜヨシ！――パキスタン

世界中のサイクリストの憧《あこが》れ、パキスタンと中国を結ぶカラコルム・ハイウェイ（ハイウェイとは幹線道路のこと。高速道路ではない）。世界の屋根といわれるヒマラヤ、カラコルム、ヒンドゥークシ山脈の間を縫う山岳道路で、最高地点クンジェラーブ峠は標高4730メートルにある。8126メートルのナンガーパルバットや、8611メートルのK2もそびえ立つ。さらに、氷河を間近にかすめ、息を飲むような切れ込んだ谷や、長寿の村を通る、まさに「夢の道」なのだ。

ギルギットはこのカラコルム・ハイウェイの中心の町。古来、中国とインドを結ぶ中継点で、多くのキャラバンや仏教を求めた求法僧《ぐほうそう》がひと息入れたところ。ここのツーリスト・コテージは日本人の桂子さんが切り盛りしている宿で、日本人を中心としたバックパッカーで賑《にぎ》わっていた。

ここでサイクリストの中では有名な、ナベさんこと渡辺誠司さんと出会った。僕と同年代だが、南米のパタゴニアだけでも3回も走破している強者だ。僕と同じく中国へ向けて、カ

ラコルム・ハイウェイを北上している。

「いやー、おいしいところだけ走ってるんですよ」と言うが、これは謙遜《けんそん》。情報の集め方がうまく、装備の調達、ノウハウに抜かりがないのがひと目でわかる。自分なりのこだわり、スタイルをもって地球を走っているのだ。こういう人に出会うと、実に気持ちがいい。

しかし、南米ボリビアのウユニ塩湖で撮った写真を見せられた時はビックリした。真っ青な空と白い塩の大地に、自分の尻を丸出しにした写真だったのだ。


もう一人の男を僕は待っていた。1年半以上前にモロッコで出会い、再会を約束していたヨシこと待井剛君だ。カシュガルからバスでやって来た旅行者から、彼の情報を得た。

「モスクワから中央アジアを抜けて来てたみたいですよ。名前は聞かなかったけど、もう5年半も走ってるって……」

おお、ヨシだ！　いよいよ来たか！　その情報から行程を計算してみると、まだここには到着しない。1000キロ先のフンザあたりにいるはずだ。あれから彼もずっとペダルをこぎ続けていたんだなあ……。

10月14日、午前9時、ツーリスト・コテージのみんなに見送られ、フンザへ向かう。ギル

合流したヨシ（中央）とナベさん（右）

ギット周辺は緑があったが、カラコルム・ハイウェイを進み始めると、途端に完全な乾燥地帯となる。フンザ川を左手に見ながら少しずつ標高を上げていく。行き交う車はほとんどない。「スズキ」という乗合軽自動車に乗った小学生が追い越していく。ケタケタと笑いながら手を振り合う。ペダリングは好調だ。

途中、ギルギットから80キロ地点で、標高差6000メートル以上もあるラカポシを見上げる。走り去るにはもったいないので、1泊することにした。翌朝、日の出と共に起き、シュラフにくるまりながらラカポシを眺める。触れたら壊れてしまいそうに繊細な白い稜線が影をつくる。薄い雲が山頂付近で強風にぐんぐん流されている。日が当たり始めると、雪は薄いピンクに染まる。そして氷河が、まばゆいばかりに光り出す。空が宇宙につながっていることを証明するかのように深く澄み、青い。どうも現実離れした光景だ。

長寿の里として知られるフンザ、標高約2500メートル。人々はイスマイリー派（イスラム教の一派）に属し、周囲とは孤立した文化と、独特のブルシャスキーという言語をもつ。アプリコット、リンゴ、桑の実などが豊富に採れ、秋はポプラの黄色や果物の木の紅葉が美しい。冬は相当冷え込み、道路も土砂崩れでしばしば寸断されるが、そんな厳しさがよけい人を惹きつけるのかもしれない。

フンザでは12人ものサイクリストに出会った。オランダ、スイス、フランス、オーストラリア、ドイツ、そして日本からで、年齢もさまざま。4700メートルの峠を越えるサイクリストだから、タフで長距離を走っている人たちばかりだ。しかし、待ち人は来ない。日帰りトレッキングをしながら、村外れの宿でヨシを待つこと数日。

オーストラリアのサイクリスト、ボブがカシュガルで彼に会っていた。

「俺は中国のビザが切れそうだったから大急ぎで来たけど、ヨシはゆっくりしてるんじゃないかなあ……」

暗くなってから、「今日も来なかったな」と思っていると、入口のあたりが騒がしい。まさかと思い、出てみると、見覚えのある薄いブルーのフレーム、赤いサイドバッグ、細部まであらゆる改造を凝らした自転車が目に入った。ヨシだ!! 毛皮の帽子に黄色のウィンドブレーカーの男が宿の人と話している。懐かしい声。

「ヨシッ！」

「おー、タツ！」

僕らは抱き合って再会を確認した。あまりに興奮して騒いだものだから、宿の客が何人も部屋から出てきた。そして一緒に喜んでくれた。

日に焼けて、かっこよくしわも刻まれて実にいい男だ。本当に嬉しい。

彼は高校を出て働き始め、世界一周のために1000万円貯めて23歳で日本を発ち、以来5年半、104カ国10万キロを走破している。彼が奥底に秘める情熱は計り知れない。

僕は、彼のバカ正直でストレートな感性にただ再会したかったのか、不足しているエネルギーを充塡《じゅうてん》したかったのか、変わり続けとどまることのない生活で何か確かなものを得たかったのか。とにかくヨシには必ず再会できると信じていたし、無性に会いたかった。

話し合いの結果、70キロ離れたパスーまで走り、そこから一緒にトレッキングに行くことにした。ヨシにしてみれば来た道を戻ることになるが、そんなことを気にする男ではない。

パスーは標高約2400メートル、トレッキングの拠点となる小さな村。バツーラ氷河、パスー氷河が道路から見える距離にある。

カラコルム・ハイウェイのことを初めて知った時は、こんな雲の上のようなところ、行けたらいいな、と思う程度だったのに、今、その中にいる。心に描いていたらいつかは実現す

生活のための吊り橋、全長150メートル以上！

るんだ、という思いと、ついに来たという感動。「今」「ここ」にある山、川、空、氷河、果てしなく登る道、空気といった「存在」に、ただただ圧倒される。ペダルをこぎながら、深く息をするたびに、はがれ、落ちていく垢《あか》やあきらめといったもの。「存在」を吸い込み、自分のものとし、浄化されていく自分。

今日はペダルをこぎながら話す相手もいる。道路沿いに植えられたポプラは黄色く、戸惑うほど深く青い空に映える。半分自分に言い聞かせるように僕が言う。

「なんて贅沢《ぜいたく》なところを走ってるんだろうな……」

「なー、ちょっと信じられねえよなあー」

2人で軽いギアを踏みながらゆっくりと登る。生きてるって感じだ。

パスーには先行していたナベさんがいて、トレッキングに加わることになり、ユンズ・バレーへ3人で行った。スカ・ザルト山頂に着き、標高3500メートルの大パノラマでキャンプ。巨大なパスー氷河が見え、反対側にはフンザ川を挟んでノコギリのような山が見える。夜は、氷河に亀裂が入る時の、地獄から響いてくるような不気味な音を聞きながら眠った。

カラコルム・ハイウェイを行く

トレッキングの後、ナベさんは南米大陸縦断の貴重なノウハウを、きれいな字でノートにびっしり残してくれ、再び中国へと先行した。

ヨシは1週間後、インドへと南下して行った。12月にはネパールに入るだろう、という。

僕はチベット経由の予定だから、ネパールに着くのは1月になる。次に会えるのはいつだろうか……。彼にはまたどこかで会える。走り続けていれば、必ず会える。

冬のヒマラヤ山脈　今日も進もう、進まなくては――チベット

1998年の元旦をシガツェで迎えた。エベレストの北側にある、標高約3900メートルのチベット第二の町だ。ここにはタシルンポという巨大僧院があり、かつて4000人もの僧がいたという。広大な敷地には多くの仏塔、霊塔、学堂、住居などの建物が軒を連ね、僧院というよりも宗教都市のようである。

僧院を回る巡礼路には、まだ星が瞬くうちから五体投地（全身を大地に投げ出す祈り）をする人たちが集まる。カチカチに凍る地面に座り、一心にマントラ（観音菩薩《ぼさつ》を称《たた》える経文）を唱える人、ルンタ（仏や馬の描かれた正方形の紙）を撒《ま》く人、マニ車を回す人……。

聖地ラサのジョカン寺で五体投地をする子ども

マニ車とは、たくさんの経文が入っていて、それを回すとすべての経文を唱えたことになるという重宝な仏具だ。かなり高齢の人も、杖《つえ》をつきながらゆっくり、ゆっくり巡礼している。信仰に生きる人たちは、こうして幸せな日々を送っているのだろうか。


久々に実家に国際電話を入れ、日本の様子を聞いた。家族がみんな元気でホッとする。

「カトマンズに着くのは、予定より遅れて1月中旬になるから」と僕。

「あんた、無理しないでよ。冬だっていうのに5000メートルを超えるところも走るんでしょ」

母は言った。いったいどこで調べたのか。細かいルートまでよく知っていてびっくりする。正月くらいは実家に帰りたい。正直な思いだ。

日本を出て3回目の正月を1人で迎える。信者とともに、巡礼路から初日の出を拝んだ。朝もやにうっすらと浮かび上がった白い太陽に両手を合わせた。新しい1年が始まったんだ！


ラサからネパールのカトマンズに抜ける中尼公路《ちゅうにこうろ》は、世界の屋根チベット高原からヒマラヤ山脈を越えるハードな山岳ルート。最高地点は標高5220メートル、他に5000メートル以上の峠がいくつもある。12月から1月は、マイナス20〜マイナス30度まで冷え込むので、周到な準備が必要だった。
嫌な話が耳に入った。前の年、日本人が自転車で冬季走行を試みて凍死している、というのだ。また午後になると毎日向かい風が吹く、ということも聞き、気懸《きが》かりだった。

すでにカトマンズまでの１０００キロのうち3分の1を走っている。シガツェでは買い出し、壊れたサイドバッグの修理、両替など用事をすます。1カ月におよぶチベット走行中、唯一シャワーを浴びられたのはこの町だった。他の旅行者たちと中華料理を腹いっぱい食べ、最新の情報を交換した。ここを発つと、しばらくまともなものは食べられなくなる。

1月2日、シガツェを発つ。これからが難所だ。５０００メートルを超す峠が2つ、４９００メートルの峠が1つ。年末にジープで越えようとしたグループが、大雪に見舞われて引き返して来ている。同じ頃、歩いて越えようとしたバックパッカーが、滑落して死んだという情報も入ってきた。不安なまま行程を進め、3日後ラツェに着いた。
その間ずっと向かい風。サングラスをしていても、横から砂が入って目が開けられない。「風と友達になろう」とつぶやき続けた。風と話をして、仲良くなろうと思った。風を憎い憎いと恨んでいるからしんどいのであって、味方につければ楽になるのだ。「風はどんなメッセージを僕に運んでくれているんだろう……」。好きになれば、味方になってくれる。自然とはそういうものだ。

ラツェで連泊しようとしたが、急に気が変わり、荷物をまとめて午後から走り出す。自然の中では直感に頼るのが正解だ。間もなく分岐点へやって来た。右へそれる道は、時期が遅すぎて走行を断念した、カシュガルからカイラス山を経由しているルート。ナベさんは、この道を来たはずだ。

一瞬、人影が見えた気がした。まさか、今頃ナベさんが走っているわけないよな。ナベさんがカイラスで遭難《そうなん》したのを知ったのは、それからずいぶん後のことだった。

分岐より十数キロ登ったところで道班（道路の管理人）の男に泊めてもらい、翌朝まだ暗く、家の人が寝ているうちから、ロウソクの明かりで出発の準備をする。ストーブの消えた部屋は、隙間風で冷え切っていた。

「今日も進もう、進まなくては。それが自分への励みになり、自信になるのだから……」

連日の走行でしんどいが、そう心の中で繰り返した。進むしかないのだ。

明るくなってきた頃に、お礼の15元を渡して出発。土地の人に受け入れられることが、励みになっていることを実感する。今日は中尼公路最高の峠、ギャツォー峠5220メートルを越える。ここから20キロ、自転車を押しながらでも7〜8時間で着くだろう。

午前11時過ぎ、珍しく山間部に太陽が射し込みホッとする。凍った指先を股《また》に挟み暖めながら、陽だまりの中で軽く食べる。走行中はカロリーが高く、食べやすくて腹持ちがいいものに限る。この日のメニューは、ビスケット、干しブドウ、チョコレート、黒砂糖をたっぷり入れた紅茶。そして忘れてはならない「761」。これは中国版カロリーメイトといわれる軍用携帯食だ。これらを日に4、5回に分けて食べる。ビスケットやチョコレートなどの贅沢品は、チベット人と友達になれば、バター茶や干し肉に変わる。秘密兵器として羊かんを持ち、ぐったりした時に食べた。

高度計が5000メートルを表示し、峠が近くなった証に風が出ている。展望が開け、間もなく峠、という地形なのだが、なかなか着かない。そこが最後の丘……と思うのだが、さらに丘に道が続いている。酸素が薄いので低地の何倍もしんどい。

自転車にもたれかかるようにして押し上げ正面を見ると、あった!!　タルチョ（経文の書

旅の安全を祈願するタルチョとカター

かれた五色の旗）とカター（白いスカーフ）だ！　やった、峠だ！　ギャツォー・ラ、5 2 0メートル。誰もおらず、広い空も寂しい灰色だったが、風に翻《ひるがえ》るタルチョが手を叩いてくれているようだった。峠はいつも「人間やればできるんだ」という自信を与えてくれる。同時にさまざまな出会い、助け、運がなければここに立てなかったことを思うと、人間１人でできることの小ささを思い知らされる。

結局、峠に着くまでに10時間もかかり、もう夕方の6時だ。風が強くてテントが張れないので、急いで下る。いくつものヒマラヤのピークが間近に見える。下は山の懐に落ちて行くような景観だ。

8キロ下った道路脇に窪《くぼ》みを見つけ、テントを設営。1月7日、完全な日没後だったが、晴れているため月明かりでテントが張れた。あと1週間もすれば満月。ということは、ラサを出発して約3週間。月の満ち欠けで時の流れを数える日が続いている。夜はテント内でマイナス18度。ボトルの水は寝袋の脇に衣類で包んで置いておけば、完全に凍ってしまうことはなかった。些細《ささい》なことだが、こんな発見にいちいち感動する。

ネパールとの国境近くの町、ニェラムに着いたのは1月12日。標高は3 8 0 0メートル。1カ月ぶりに3 0 0 0メートル台に下りてきた。夜の冷え込みは、ずっと楽になった。

ニェラムから先の下りがすごい。30キロで標高差1400メートル。中尼公路最大の難所といわれるだけあって、氷雪の道だけでなく、土砂崩れの跡、ゴロゴロした岩や泥の海も通らなくてはならなかった。斜面を削って通している、断崖《だんがい》にへばりつくような道は、幅が極端に狭いから1歩、いや、半歩間違えば本当に谷底へ落ちて行く。

ときには左右に高さ10メートル以上の雪の壁が現われたり。転落の危険はないが、路面が凍っているから嫌というほど体を叩きつけるように転倒してしまった。

2日で3000メートルも下って来ている。下るにつれて雪が減り、緑が増えてきた。物、色、音、匂《にお》い、湿度、酸素などが増え、この世にはさまざまなものがあったことを思い出した。上では「あれがしたい、これがしたい……」と考えていた自分が、今は「ああ、下界に戻って来てしまった」なんて思っている。昨日までは酸素すら満足に吸えなかったのに、いざその世界から離れるとなったら寂しく思う。

1998年1月13日、ネパールに入国。ダウンジャケットを脱ぎ、31カ国目をこぎ始める。カトマンズへ向かう途中、ドゥリケルという町から、ヒマラヤのピークが宙に浮くように見えた。数日前まで僕はあの山脈の向こう側にいた。そして今、こちら側にいる。なんだかどちらも信じられないことだった。

チベットでは30日間で1000キロ、世界の屋根を走り、ヒマラヤを越えた。今回の世界一周の中で、最も難所といえるルートを冬季に走破した。5000メートル以上の峠をいくつも越え、マイナス30度でキャンプし、ライオンのような番犬と闘い、宇宙に放り出されてしまったかのような、絶望的な日没を体験した。

だけど今、そんなことはどうでもよくて、こうして太陽を浴びながらこの地球に生きている、という事実がただただ嬉しい。単純に命があり、この瞬間が「在《あ》る」ということを幸せに思い、すべてのものに感謝することができる。

カトマンズは、僕にとってオアシスだった。4カ月ぶりに、楽しみにしていた日本の友人からの手紙や差し入れ、そして補給物資を受け取ることができたからだ。会社の同僚や友人も、みんな自分の道を歩んでいると知らされ、僕も負けていられないと思った。「人生」という同じステージで、精いっぱい自転車世界一周をやりたいと、やってやるぞと、心から思った。

ブムタン谷のソナム　いつかまた、君の国へ――ブータン

ブータンは1974年まで鎖国政策をとり続けていたヒマラヤの小国で、今なお旅行者には「閉ざされた国」である。年間の入国者数を制限し、個人旅行はできない。自国の文化や伝統をかたくなに守り、自給自足に近い生活をしている。荷物を満載して山越えしてきたジープを初めて目にした人が、「お疲れさま」と餌《えさ》のワラを与えたという笑い話も遠い昔のことではない。それまで交通はロバやヤクだけだったそうだ。

僕はブータンの友人を頼って、「国賓《こくひん》」として入国することができた。彼の父親は内務大臣だったため、自転車での個人旅行が特別に許可されたのだった。すべての国民が外国人を招待できるわけではないから、5週間もブータンに滞在できたのは本当に幸運だった。

「空路入国」を条件にビザが下りたので、座席を手配しようとして驚いた。国営のドゥルック・エアーは、72人乗りの飛行機を2機しか保有していないため、席がとれないのだ！　3

週間先まで席がないというので、当日キャンセルが出ることを祈って空港に向かうと、願ったり叶ったり、1席だけ空席が出た。ギリギリのところで旅が進んでいる。

ブータン唯一のパロ空港への着陸は曲芸のようだった。レーダーがないので雲が晴れるまで旋回を繰り返し、山ギリギリのところを飛んで谷にある猫の額ほどの平原へ着陸する。小さな空港は、誰かが「バスターミナルのようだ」と言っていたがその通りで、荷物は飛行機からその場に降ろされ、自分で取りに行くのであった。ブータン入国、3月10日。

首都ティンプーは標高2400メートル、人口推定3万人。ここには国の行政と宗教（大乗仏教）の中枢を担う、タシチョ・ゾン（城）がある。ブータン最大のゾンであり、間近に立つと威圧される。

美しいティンプー川に面したこの伝統的な要塞を寝っ転がって見ていると、咲き乱れる花の中、民族衣装を身にまとった人が通り過ぎたりして、僕はおとぎ話の世界を旅している気分になったのだった。

ブータン人は、日本の着物のような民族衣装の着用が義務付けられている。お腹のところが大きな袋状になっているのが特徴で、田舎に行くと、中に枕でも入れているのでは、というほどたくさんモノを入れているオバちゃんに出会う。これは巷《ちまた》で「スーパーポケット」と呼ばれているそうだ。

学校の制服も、民族衣装と同じでとてもかわいい。ブータン人は「日本人のルーツ」といわれるほどよく似ていて、制服姿の子どもを見ていると、本当にそうなのでは、と思ってしまう。

滞在中、青年海外協力隊の先生に出会い、ある小学校に連れて行ってもらったことがあった。その日は体重測定の日で、先生は「はーい、それじゃあみんなポケットの中のものを出して！」と始めた。何を言い出すのかと思ったら、出てくる出てくる。男の子も女の子もスーパーポケットから弁当、教科書、ノート、ペン、お小遣い、お菓子、そこらで拾ったもの、そしてなんと子猫まで出てきた。後日、ブータン人に「そのポケット、便利だねえ」と話したら、「そうさ、これは世界一大きなポケットだからね！」と笑っていた。僕はドラえもんを思い出した。

3月21日、検問の通行許可証を入手し、サドルにまたがる。ブータンはヒマラヤの山国なので、唯一の幹線道路がいくつもの谷を結んでいる。ティンプーから東端のタシガンまで5

下校途中の仲良し小学生

80キロ、距離にしたら大したことはないが、この国の580キロは本当に長い！　見通しの悪い細い山道がグニャグニャと続き、高山植物の生える3800メートルの峠があるかと思えば、サボテンの谷があったりして気候の差も激しい。

この山道をローカルバスで移動するのは、どんなに乗り物に強い人でも必ず酔う、と言われた。1度ならず2度も、停止したバスから乗客が何人も飛び出して来て、道端に吐く姿を目にした。僕はそれには驚かなかったが、吐かれたゲロにたかる犬のほうには驚いた。誰かが吐くと、腹を空かせた4、5匹の犬がゲロを目がけてすっ飛んできて、ガツガツと食う。別の場所で他の人が吐くと、ダーッとそっちへ移動する。さらにショックだったのは、ゲロを食う犬の上に、新たにゲロをジャーッと吐く人がいて、犬がゲロゲロになってしまった姿だ。あれはすごかった。

気を取り直して、「ブータンのスイス」といわれる美しいブムタン谷へとペダルをこぐ。ブータンの民家は、木を多用していて昔の日本の家屋に見えなくもない。屋根には木の板を張り、大きな石を置いておもしにしている。周りには畑や水田が広がる。

ブムタン谷に着いた時はすでに真っ暗で、冷たい雨も降っていた。青年海外協力隊の海士《あま》部《べ》さんが、薪ストーブを焚いて待ってくれていた。彼女は僕と同い年で、ブータンの高校生に体育を教えている。

「こんばんは。すみません、こんなに遅くなっちゃって」

「あら、自転車で世界一周っていうから、熊のような人を想像していたけど。違うわね」

海士部さんは、めったに作らないという日本食を僕のために用意してくれていた。

「味には自信ないけど、愛情はこもっているから！」

一番怖い文句だが、おいしかった。

また、なんの照れもなく、もてなしの気持ちを〝愛情〟という言葉でストレートに言い切れる彼女を、すごいな、と思った。

ティンプーで知り合ったブータン人から、「ブムタン谷に行ったら連絡しなさい」と紹介されていた人がいた。2日目の朝、海士部さん宅の電話が鳴った。僕が連絡することになっていた、ソナムという女の子からだった。どうして居場所がわかったんだろう？　ソナムは海士部さんの生徒でもあった。

「かわいい声だったけど、本当にかわいかったらいいなあ」と言うと、「イキナリ電話がかかってきて会うっていうのは、何だかいいわね、ふふふ」と海士部さん。

数時間後、僕はソナムと会って唖然《あぜん》とした。なぜって、ムチャクチャかわいかったのだ。待ち合わせに遅れてきた彼女は、日差しをキラキラと反射させながら、僕のほうへ走ってきた。

ペダルをこぎ始めて以来、彼女ほどかわいい娘を見たことはなかった。自分から話をするタイプではなかったが、しっかりした英語を操り、笑うとエクボができた。僕はそのエクボ見たさに、いろんな話をしたのだった。

ソナムの家は、初代国王が建てたウォンディチョリン・ゾン（城）とラカン（寺院）を管理していたので、案内してもらった。彼女はキラという民族衣装がよく似合っていた。その敷地には、満開の白い桃の花が青空に眩《まぶ》しく、胸がつまった。

その夜ソナムの家に食事に呼ばれ、大きなブータン建築の家の、客間に通された。ソナムがお茶やお菓子を運んでくれる。話を聞いていると、家では最も働き者のようだった。食事はブータン料理を贅沢に出してくれ、目が回るほどいただいた。

彼女が、「将来先生になって、子どもたちに英語を教えたいの」と純粋な気持ちで言っていたのが印象に残った。きっと夢は叶うだろう。

ブータンを離れて約1カ月後、日本の実家にソナムからの便りが届いた。黄色い手すきの便箋《びんせん》いっぱいに、ボールペンで文字が埋められていた。

最初に僕の両親を気づかってくれ、彼女自身が相変わらず元気にやっていること、1日しか会えなかったけど、たくさん話ができて楽しかったこと、勉強も仕事もしっかりやる、という決意や、これからも無事によい旅を続けてね……と書いてあった。

そして最後に、「いつかまた、私の国ブータンに来てね」と。

ソナムの笑顔に一目惚れ！

したたかで優しかった「大地」のような女性たち

アフリカを走りながら、「旅人には村で一番美しく、気だてのいい娘をあてがう」という話をしばしば耳にした。人の行き来が少ない奥地では、血が濃くなる一方だが、よその血が混ざれば新しいものが生まれ、より強い免疫がつくられる、つまりはそういう考え方。だから、村で選ばれた女性も、誰の子かなどは問題でなく、よりよい遺伝子をもつ子孫を残すことを使命ととらえているふうで、いやあ、女性の本能はしたたかというか……。

アジア一帯の開発途上国でも女たちは強かった。暗いうちから井戸や川に水を汲みに行く家事全般、子育て、畑仕事、店番、家計まで女性がやりくりしている地域が多かった。トラックの運転や肉体労働は男の仕事だが、地酒やタバコを飲み、賭け事に興じるのも男。女性は男性にくらべて忍耐力、生命力、適応力、包容力といったものが勝っているように思えて仕方なかった。

日本人はどうかというと、青年海外協力隊のボランティアや教会など、開発途上国の厳しい環境で逃げ出さずに現地の人と共にしぶとく活躍していたのは、やっぱり女性が多かった気がする。男性が環境や気分など精神的なものに左右されがちなのに対して、女性はドンと構えて本能で生きる術をかぎ分けている感じ。

世界のどの地でも、女性はまさに「大地」であった。すべてが生まれた源であり、動かしがたい圧倒的な存在感、そして厳しくも優しく包みこんでくれる温かさがあった。「母なる大地」といわれる所以であろうか。

モザンビークのキワニ族の女性と。男性にはどうあがいても女性にはかなわないところがある

「助けを求めるのに躊躇するな。
ここの人間はみんな必ず助けてくれる」

STAGE
3

04/98-01/99

東南アジア-
北アメリカ

［走行ルート］

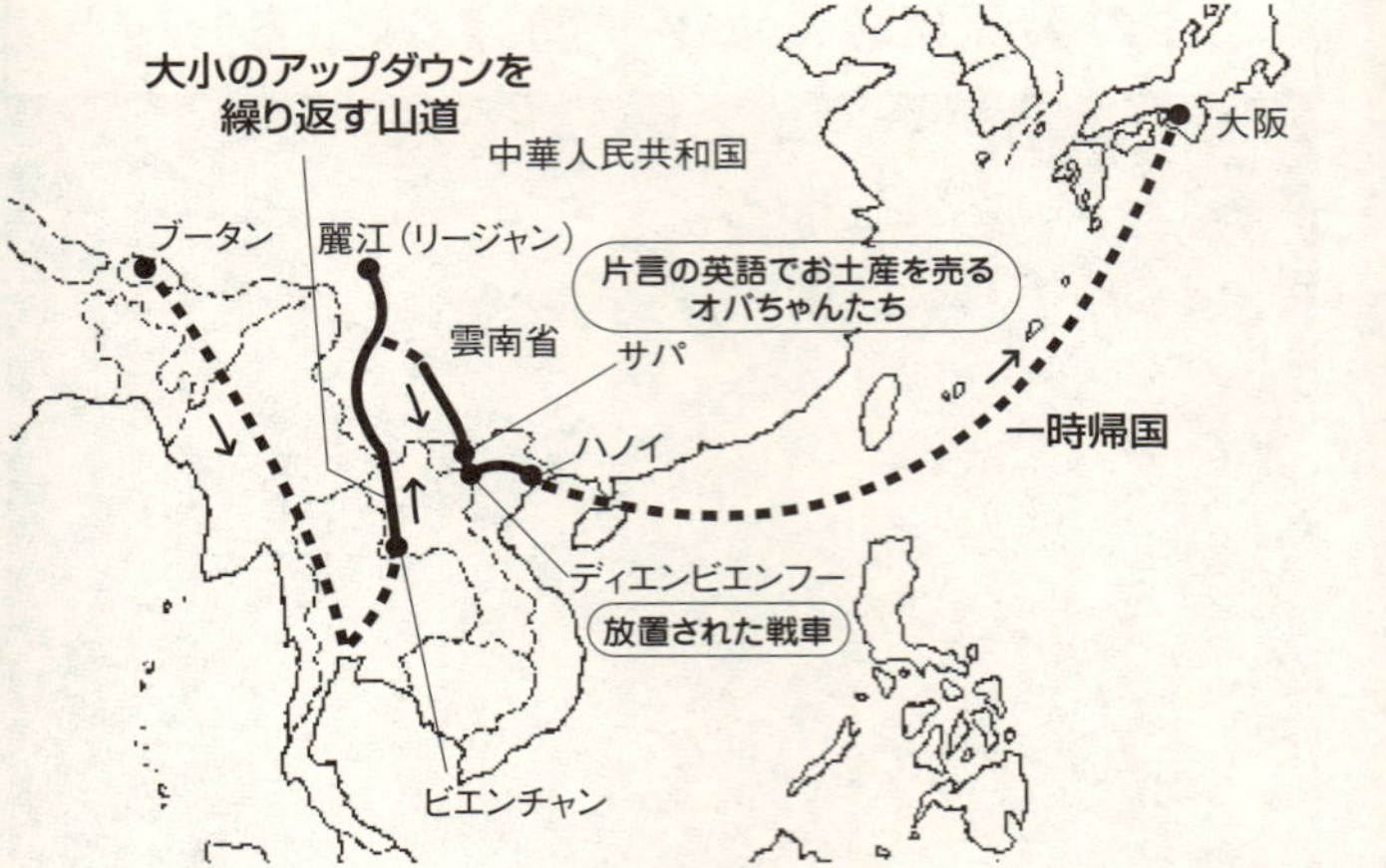

大小のアップダウンを
繰り返す山道
中華人民共和国
大阪
ブータン
麗江（リージャン）
片言の英語でお土産を売る
オバちゃんたち
雲南省
サパ
一時帰国
ハノイ
ディエンビエンフー
放置された戦車
ビエンチャン

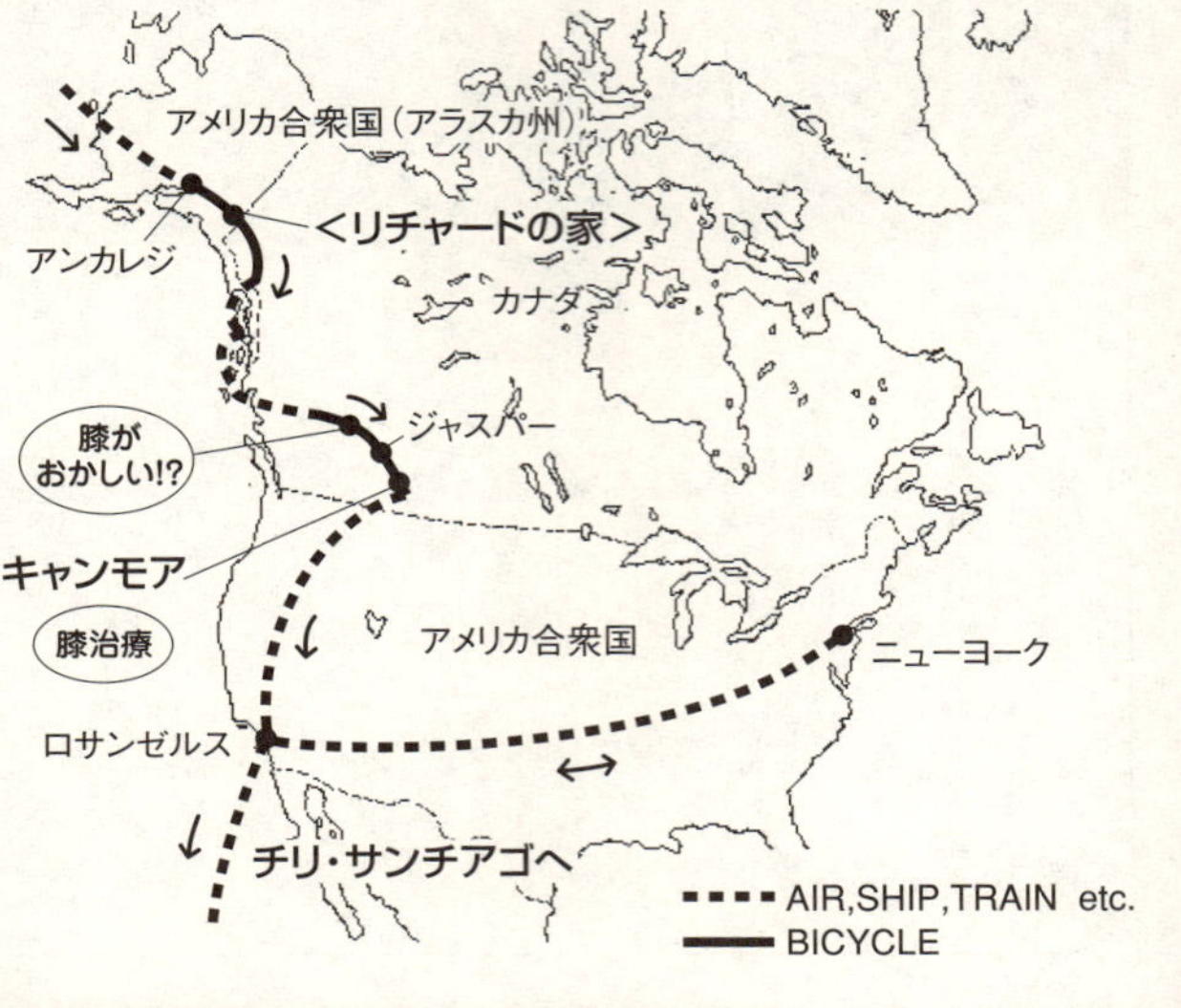

アメリカ合衆国（アラスカ州）
＜リチャードの家＞
アンカレジ
カナダ
膝が
おかしい!?
ジャスパー
キャンモア
膝治療
アメリカ合衆国
ニューヨーク
ロサンゼルス
チリ・サンチアゴへ
AIR,SHIP,TRAIN etc.
BICYCLE

あっちからもこっちからも「サバイディー!!」――ラオス

5月25日、タイの国境の町ノンカイから、メコン川を渡ってラオスに入国。首都ビエンチャンまでは約20キロ。雨季の始まりなので、小雨がぱらつく。首都に向かう道は、きれいに整備されているのが普通だが、ここはボコボコ道。町並みも小さな商店や倉庫があるくらいで、日本の田舎の小都市といった感じ。あれよあれよという間に、町の中心部に至ってしまった。

東南アジアは猛烈なペースで近代化が進められているが、ここでは高層ビルの建つ気配はまるでない。信号も少なく、機能していない時もある。まったく〝欲〟が感じられない印象の首都、ビエンチャン。東南アジアにこんなところもあるのかと驚く。

「ボー・ペニャン」。細かいことは気にするな、起こったことはそのまま受け入れろ。ラオスのそんな言葉に象徴されるような、悠々とした国である。

ラオスのもう一つの特徴は、ラオス語だ。ラオス人のシンプルさがこのラオス語をつくったのか、とにかく簡単で、語彙《ごい》も少ない。

たとえば「トイレ」という単語はなく、水を意味する「ナーム」、部屋を意味する「ホォーング」、この2つをくっ付けた「ホォーング・ナーム」、水の部屋がつまりはトイレのこと。「悪い」という単語もないので、「よくない」と表現する。「ある」は「ミー」、「ない」は「ボー・ミー」。「ワイワイ」は「早く早く」、「サーサー」は「遅く遅く」という具合に、とてもシンプルだ。

首都ビエンチャンから、中国へ向かって北上を始める。6月、気温は35度だが、湿度が高いのでムチャクチャ暑い。ギラギラと押し付けるような太陽が、まるで拷問《ごうもん》のようだ。道の脇では、水牛が沼に浸《つか》り、涼んでいてうらやましい。

大小のアップダウンを繰り返す山道になった。鬱蒼《うっそう》とした山の中を走っていると、折々に川があって、高床式の民家がいくつか現われる。

ワラと木で作った風通しのよさそうな高床式の家から、子どもたちが僕に、「サバイディー！（こんにちは！）」と元気に手を振る。

お母さんに体を洗ってもらっている石鹸だらけの子も、素っ裸で「サバイディー!!」と全身で踊りながら、挨拶してくれる。あっちからもこっちからも、飛び出して来ては「サバイディー‼」。

嬉しいが、勝手なもので、前日オーバーペースで走ったために疲れていて、しっかり返し切れなくて申しわけなかった。「笑顔のお面」と「サバイディー‼」のテープがあればよかった……⁉

ナムバクという村の小さな食堂で朝食をとった。そうめんのような麺に、鶏のスープがかかっている。どっしりとしたママが世話を焼いてくれる。5人の子どもも、そんな親を見てかしっかりしている。長女はまだ小学生だが、母のような貫禄で食材を刻んでいた。

「写真を撮ってあげよう」と言うと、なぜか水中メガネを持ち出して来て、店の前に整列した。ホントにかわいい子たちだ。

出発の時に、みんなであーでもない、こーでもないと言いながら、ボトルにお茶を入れてくれた。

「またナムバクに来てね！」

家族全員が店の前に出て、ずっと手を振ってくれた。

「コップチャイ・ライラーイ！（どうもありがとう！）」

僕も後ろを振り返りながら、何度も手を振った。

昼時になると、高床式住居の下の日陰から、「キンカオ！（ご飯食べな！）」と声がかかるので、寄らせてもらう。カオニャオ（もち米）と肉や野菜のシンプルなお昼。

とくに田舎は質素な生活をしていて、みんなほとんど靴を履いておらず、ごく限られた身の回り品だけで、つましく暮らしている。日本にくらべれば、足りないものばかりなのに、ラオスの人たちはなんでも人にあげたがり、心が満たされているんだと思った。近代的な発展だけが幸せでないことを、痛感させられる。

僕たちが彼らから学ぶことは、たくさんある気がした。

山岳民族の女性たち、えっ、前歯がない？――ベトナム

中国を雲南省麗江《リージャン》から南下し、ベトナムに入国したのは7月21日のことだった。国境から50キロのあたり、いくつかの山岳民族が暮らす小さな村、サパ。標高1500メートルの高原地帯。しばらく高温多湿の低地をあえいで走っていたから、ホッとする涼しさだ。朝晩は、寒いくらいに冷え込む。日本の軽井沢あたりの気候。しかし、朝もやの中から、色鮮やかな民族衣装を着た山岳民族が現われたりして、雰囲気はまったく違う。あたりは緑の美しい棚田が見渡す限り続き、目に優しい。

水中メガネをかけて整列……でもなぜ？

ここの山岳民族は、モン族とザオ族が大半を占める。週末になると近郊の村からも人々が集まり、大きな市が立つ。農産物以外に、珍しい民族衣装や民芸品、アクセサリーなども売られている。

サパで驚いたのは、民芸品などのお土産を売る、小学校高学年くらいの女の子たちの人なつっこさだ。片言の英語で、ツーリスト相手に友達感覚で楽しそうに商売をやっている。彼女たちは、僕がお土産を買わないのを知っていながら、すれ違いざまに「タツーッ!」と、名前を呼んで手を振ってくる。よその観光地では考えられないことだ。仲良くなった子たちは、懐から写真の束を取り出して見せてくれる。ここを訪れるツーリストたちに撮ってもらったものだった。

彼女たちは経済的にも自立していて、自分の稼いだお金でご飯を食べ、必要なものを買う。そして普段は村外れの「合宿所」に同じような子たちと寝泊まりしている。実家は、何時間も歩いた山奥にあるので、めったに帰れないのだ。

貫禄のある山岳民族のオバちゃんたちもおかしかった。背中の籠《かご》にみんな同じような土産物を入れて、村を練り歩く。オバちゃんたちは英語がまるっきりダメなのだが、売り物を手に客の顔をのぞき込んで、「オ〜ケ〜?」とくる。「OK」が唯一知っている英語らしい。こ

市場に集うザオ族の女たち

れを「オーケーッ、オッケー、オケッ！」と調子を変えて、押し付けようとするところが愛嬌《あいきよう》があっていい。

また、「ジョリー！」と言うことも多い。これはフランス語で「きれい」という意味だが、藍染《あい》めの衣装やアクセサリーを取り出して、「ジョリーッ、ジョッリー、ジョリッ！」とやるわけだ。

さらにオバちゃんたちは、こちらが「いらない」と言っても、実に嬉しそうな笑顔でいる。まるで「いらない」が、「あ、それいい！」と聞こえているかのように……。それがおかしくて、つい、こちらも笑ってしまう。実に憎めないオバちゃんたちである。

サパからディエンビエンフー経由で、首都ハノイに向かう。約600キロ、山岳地帯を抜けて行く。出発して2日目のミンドゥ村。ネズミが走り回る臭い宿の部屋で目覚めると、外は小雨。サパからずっと雨なので、これくらいなんともない。

食料を仕入れに市場へ行くと、写真でも見たことのない民族衣装の女たちが大勢。みんな前歯がないのでびっくりして直視できずにいたら、なんと歯を黒く塗っていた！　なかには黒い歯の両脇を金歯にしている女もいる。きっと、あれはすごいオシャレに違いない。顔を真っ白に塗り、キツイ赤の口紅をつける民族もいる。伝統なのか、外来のものを好き放題や

ハノイまであと406キロ！

っているのか、僕にはわからなかった。

ミンドゥ村を出ると、登りが始まった。日に2つも3つも山を越すルートが続く。路面がよければ山岳地帯も楽しいのだが、雨で道がぬかるみ、苦行に近い。民家には「軒下」というスペースがないつくりが多く、雨宿りもさせてもらいにくい。

やがて、予感が的中して、道が沼になり始めた。雨季で増水した茶色の川が、近くをゴーゴーと流れている。バスが沼にはまって、身動きがとれなくなっていた。泥沼とはまさにこのことだ。離れたところでは、男たちが、脱出の際タイヤの下に敷く石をつくるために、カナヅチで岩を砕いている。まったく気の遠くなる話だ。

ライチャウからディエンビエンフーまでの道を、土地の人に尋ねる。僕はベトナム語がほとんどダメなので、絵を描いて質問する。彼らは車の絵を描き、これはダメ。バイクの絵を描き、これもダメ。自転車なら担いで行けるよ、と身振りで教えてくれるが、この荷物が多過ぎてダメだ、と僕のバッグを1つずつ叩く。

行けないこともなさそうなので、お礼を言って先へ進んだ。が、しばらくすると言われた通り道は最悪になり、車が泥で動けなくなった跡がいくつも残っている。川にえぐられた道を自転車を担ぎ、押す。投げて捨てたいが、重くて投げることもできない。

　後ろから乗合のジープがやって来て、クラクションを鳴らす。乗って行け、と言っている。渡りに船、と僕は自転車を屋根に積んでもらい、飛び乗った。満席だったのに、席を詰めて座らせてくれた。ベトナム人は本当に親切だ。しかしこのジープも楽じゃない。サスペンションはイカれているし、沼ではグワ～ンと滑って恐怖だし、車に慣れないオバちゃんは窓からゲロゲロ吐いて、ぐったりしている。ニワトリまで車内にいてうるさい。

　ベトナム北部の山岳地帯は、走っていればいつか着く、といった他人任せの生易《なまやさ》しいところではなく、本当に祈ったり願ったりしないと走れない。決して自分の力だけで進むことはできない。人の助けはもちろんのこと、天候、運、タイミング、そして神の思し召しがあってはじめて進めるところだった。

　再び自転車にまたがり、フランス軍がベトナム解放戦線に敗れる直前にたてこもっていたディエンビエンフーを過ぎると、道路がよくなり精神的に余裕も出てきて、道での出会いも楽しくなった。水牛を引く女、川で体を洗う少女、路上のカイコ売り、薪を担ぐ村人、自転車に乗る少年、高床式の民家から手を振ってくれる家族……、出会うものすべてが愛《いと》おしく感じられた。村人は、目が合えば必ずニッコリしてくれる。笑顔で接すれば、笑顔で応《こた》えてくれる。

無邪気度300パーセントの子どもは、走ってくる僕を見つけると、駆け寄って来て「ハロー！」「オーケー！」と踊りながら手を振る。そんな子たちが何人か集まっていようものなら、しっぽを振る子犬のようにはしゃぎ回り、キャーキャーと僕の追っかけと化す。天然の陽気さが爆発していて嬉しくなる。

8月7日、ベトナムの首都、ハノイに到着。トルコを出発して1年半、この地でユーラシアの旅を終えた。「長い道のりだ……」と思ったこともあったが、いざ終わるとなると未練が残る。この大陸でも、出会った人に助けられて走って来たことを思い返すと、達成感ではなく、感謝の気持ちと「無事着いた」という安堵《あんど》感だけがあった。

つかの間の帰国。南米にはまだ行けない——日本

1998年8月23日、バンコクから日本の地へ舞い戻った。もちろん旅は終わっていない。まだ南北アメリカ大陸縦断が残っている。

ディエンビエンフーに放置された戦車

当初はタイのバンコクから、直接南アメリカに渡る予定であった。しかし、日本を離れて3年もたっていた。日本の上空を通るなら、一時帰国し、関係者に途中報告するべきだろう。家族の顔も見ておきたい。お礼も言いたい。

母には、フィルムから自転車部品に至る補給物資の調達及び海外への発送、スポンサーとのやり取り、写真の整理、お金・郵便物の管理など、今や僕にはなくてはならない片腕となってもらっている。連絡の取りようのなかったアフリカの奥地を走っていた時は、「もうだめか」と思わせてしまった。ヒマラヤ縦断の直前に電話した時は、「冬だっていうのに5000メートルを超えるところも走るんでしょ」と心配していた。地図やガイドブックを前にして、僕がたどるコースを確認しながら、身の細る思いをしていたに違いない。

父からは、アフリカにいた僕のもとに手紙が届いた。初めての直筆の手紙とともに、お守りが入っていた。ご先祖様が戦争出征の折、肌身離さず身につけて生きて還ったといわれるお守りだった。また、丸紅に勤務する父は、世界中の支店を僕の連絡拠点として手配してくれた。セネガルの支店長が現地の日本人を招いて開いてくれた、歓迎会のその最後には、「今日のお金は坂本君のお父様からいただいているから」と聞かされ、あの無関心を装った父が……と涙が止まらなかった。

93歳になる祖父にも会っておきたいと思った。かつて絵画の個展を開いていた祖父は、僕が帰国して同じように写真展をすることを待ち望んでいる。毎日仏様の前で、僕のために手を合わせてくれている祖母にも、元気な顔を見せなくてはならない。

短い滞在中、最大の理解者であるミキハウスの木村社長にも、無事な姿を見せに行った。昨今の大不況にもかかわらず、相変わらずどっしりと構えて、当然のように僕の夢を応援してくれる。あらためて思った。僕は今の夢をまっすぐに追うだけだ、と。そのために自らチャンスを招き、用心深くそれをつかみ、つかんだら精いっぱい突き進むのだ。他人の目を気にしてはいけない。

スポンサーにも顔を出し、これまでの支援のお礼と、今後のサポートのお願いをしなくてはならなかった。30社にものぼるため、限られた時間ですべてのところに挨拶できないのが大変申しわけなかった。傷みの激しい自転車を最新のものに交換し、冬季用ウェアやバッグなどの装備を入手。新たに一眼レフカメラとレンズの提供を取りつけ、航空会社が、重量70キロ近くにもなる自転車と装備を、出発拠点まで特別に輸送してくれることになった。

一時帰国をした理由は他にもあった。大幅なルートの練り直しだった。前の年の10月にパキスタンのパスーで別れたナベさんこと、渡辺誠司さんの遺体が、チベットのカイラスで発見されたのだ。

2月、ブータンで、「3カ月前に中国のカシュガルからハガキが届いて以来、音沙汰がない」と彼のお母様に手紙で知らされた。4月、タイの僕のもとへ何度も電話が入った。「捜索願いを出すので、少しでも考えられる状況を教えてほしい」というものだった。そして5月、中国の日本大使館がナベさんの遺体を確認した。用意周到で綿密な彼が遭難するなんて、信じられないことだった。「好きなことをしていたんだから仕方ない」と人は言うかもしれない。しかし僕にとっては他人事《ひとごと》ではなかった。彼とは最後の最後まで、一緒にルートの検討をしていた仲なのだ。

当初、僕がナベさんの走ったカイラスルートをとり、彼が僕のとった空路ラサ入りルートを行くことになっていた。お互いその逆を選択した結果がこれだ。カシュガルのホテルには

「待っていましたが、1日でも早いほうがいいので」と書き置きがあった。彼は僕が到着する前日に発っていた。追いかけようと思ったが、11月のその時期からでは、僕には遅過ぎた。

聖地カイラスをめざしたナベさんは道に迷い、悪天候の中、食料と燃料の不足と闘い、最後に自転車を捨てて歩いた記録が残っている。標高５０００メートル、マイナス30度の世界で1カ月以上耐えカイラスに到達した、彼の遺体が発見されたのは、雪融《ど》けのあとだった。

ナベさんは、運が強く絶対死なない人だと思っていたので、悲しみよりも、〝いつ何ごとも起こりうる〟という現実の厳しさが、ショックだった。そして僕はその現実を前に、「覚悟」という、心の装備を新たに加えたのだった。

当初の予定通り、これからナベさんの思い出の地、南米に直行すれば、彼を思い続け、彼の信じられない死を本当に認めてしまうことになりそうで、どうしてもできなかった。

この時期、北極圏でオーロラを観測することが可能になる。これまでのアジアとまったく異なる、アラスカの大自然に包まれようと、アンカレジ入りを決定。結局、北米から南米へ下るルートへと、予定を大きく変更した。

9月7日、成田まで両親が見送ってくれる。ありがたい。2人が元気でいてくれるのが、何よりも嬉しい。日本を離れ、また単独行が始まった。忙しさにかまけて、アラスカ走行のイメージが出来上がっていないのが、不安といえば不安だった。

初雪の舞う新たな大陸、幸先のいい出会い――アメリカ・アラスカ州

9月7日夜10時、アンカレジに到着。アラスカはもう冬だ。吐く息が白い。

パキスタンのカラコルム・ハイウェイで知り合った中学校の先生、セージが空港まで迎えに来てくれた。彼女はモンゴルや中央アジアなども走破している強者《つわもの》で、そうして長期留守にする時は、家を誰かに安く貸すなどして、きわめて自由にやっている。僕を迎えてくれる彼女のアメリカ人独特のオーバーアクションに、やっと着いた、という安心感と、新たな大陸に来た、という緊張感を同時に覚えた。

出会う人みんなに、「早くしないと雪は降るし、寒くて走れなくなるぞ」と言われつつ、カナダへ向けて南下するための情報を集め、旅の準備に精を出す。今回は冬装備なのと、町と町の距離が極端に遠いので食料が重く、荷物は45キロになっている。自転車は制動能力の

いざ、アラスカへ！

高い油圧式ブレーキを初めて使う。靴は防寒と雪に備えて、キャラバンのゴアテックス入りトレッキングシューズだ。氷の上でも寝られるように、スリーピングマットも2枚用意した。

足早に北米大陸最高峰マッキンリーのある(デナリ)マッキンリー国立公園や氷河など、アラスカの大自然を見て回り、10月4日、いよいよカナダに向けてアンカレジを発つ。僕の前途を祝福してくれているのだろうか、初雪が舞った。

夏はサイクリストであふれるアラスカも、10月に走る人はいない。寒波が来ると一気にマイナス30度以下になるのに加え、日照時間が短くなるからだ。本格的にサドルにまたがるのは、ベトナム以来だから2カ月ぶりだ。フル装備なのでハンドルが振れるが、走りは順調。

雪の中、汗をにじませて走っていると、前後サスペンション付きのマウンテンバイクに乗った男が追いついて来た。

「どこへ行くんだ。すごい荷物だな」

「カナダのへインズだ」

「1200キロも先だぜ」

「ああ、でももう3年、3万キロくらい走ってるから」

「なんだって!? おい、ちょっと家に寄っていけよ」

彼はルイジアナ出身の黒人でグレンといった。ルイジアナは治安が悪過ぎるから、11年前に越してきたという。初日なので距離を稼いでおきたかったが、アラスカでの幸運を呼び込むために、素直に呼ばれることにした。一軒家の2階を借りて、奥さんと娘との3人暮らし。気前のいい奥さんがココアやサンドイッチをご馳走してくれる。別れ際に「たまに様子を知らせてくれ」と、eメールのアドレスを渡された。過去3年間の旅では一度もなかったことだ。やっぱりアメリカ。

アンカレジから64キロ、この日はセージの友人のキャビン（小屋）に泊めてもらった。チュガチ州立公園の雪山が間近に迫り、最後の渡り鳥が編隊を組んで南へ飛んでいく。薪ストーブがパチパチと音をたてる。いよいよアラスカ・ハイウェイの1200キロが始まった。地図を広げて1日の走行を追うが、アジアの時と縮尺が違うので、進んだ距離の短さに愕然《がくぜん》とする。とてつもなく広い北米大陸。

しかし焦《あせ》ってはいけない。自分は進んでいるのだから。

初日から出会いがあっていいスタートだった。興奮と不安が入り混じり、なかなか寝つけない夜だった。

コールド・プレイス、ウォーム・ハート――アメリカ・アラスカ州／カナダ

トックからカナダの国境まで152キロ。風は冷たいが、昨日の吹雪《ふぶき》からは想像もできない、抜けるような青空が広がっている。ここはアラスカ、北極圏境界線近くの町。遠くに雄大なランゲル山地、手前はスプルースの森、そしてところどころに凍りかけの湖が見える。道はきれいに除雪されているので、走りは快調。ルート沿いのレストハウスは、次の春が来るまで休業に入っている。

アラスカに住む人が、この土地を「ワイルドだ」と言っていたが、走り始めてその意味が少しずつ感じられる気がした。人力の及ばない圧倒的な存在を畏敬《いけい》する言葉、あるがままを受け入れることしかできない、どうしようもない厳しさを言うのかもしれない。

アラスカ・ハイウェイは1200キロの一本道。1日に何度も同じ除雪車が行き来するので、運転手と顔見知りになって、すれ違うたびに手をあげて挨拶を交わす。しかし、分厚く固まった氷をガリガリさせながら、時速80キロでぶっ飛んで来るから恐ろしくてたまらない。「US mail」とペイントされた郵便局のジープも、毎日違う場所ですれ違い、パッシングで

サインをくれる。

夕方5時。後ろを振り向いた途端、大転倒した。うわさに聞いた「ブラック・アイス」にやられたのだった。昼間は雪が解けて水になっているが、夕方から凍り始める。見た目では、水なのか氷なのかがわからない路面の状態だ。油断していた。僕は無傷だったが、サイドバッグのフックを折ってしまう。こんなに早くスペアを使うことになるとは。

意気消沈し、雪の中、キャンプできる場所を探していると、煙突から煙の出ているキャビンを発見。ガレージにテントを張らせてもらえないかと頼みに行くと、ポリスを定年退職したリチャードと、29歳のリチャード・ジュニアが出迎えてくれた。がっしりしたキャビンには、ブラック・ベアの剝製《はくせい》、マンモスの牙《きば》、ライフルやピストルなどがゴチャゴチャと日用品と一緒に並んでいる。暖炉の火が怒ったように燃えていた。

「おお、来たか！　今日、キミを車で追い抜いたよ。こんな遅い時期を走っているキミのことを、近所の仲間がみんな心配していたんだ。きっとどこかのキャビンに現われるだろうと思っていたが、俺のところに来てくれたか。ホッとしたよ。よかったよかった」

そう言ってリチャードは大歓迎してくれた。

1200キロの一本道、アラスカ・ハイウェイ

そして、この冬はまだ寒波が来ていない異常気象であること、熊は冬眠のためにもう山奥に入っていることなどを教えてくれる。「週1便のバスのドライバーが友達だから、キミを見かけたら様子を尋ねるように言っといてやる」などと心配もしてくれる。

翌日、電話番号のメモを渡してくれながら、リチャードが言う。

「助けを求めるのに躊躇《ちゅうちょ》するな。ここの人間はみんな必ず助けてくれる。何か起こったら連絡するように」

走っている時は1人で、誰にも迷惑をかけていないと思っていたが、実際は多くの人を心配させ、見守ってもらっていた。見返りを期待しない親切は、骨身にしみる。

こういう厳しい環境では、人は助け合って生きるしかない。しかしそれは、人の厚意に甘えるということではなく、あくまで自立が前提となる。でなければ、人を助けることはおろか、自分の命さえ守ることができない。アラスカの人は本当に自立していて、実際なんでも自分でできる。

翌日、リチャード・ジュニアは、僕がライフルを撃ったことがないのを知ると、嬉々《きき》として撃たせてくれた。意外に手に馴染《なじ》み、おもしろい。これで獲物が捕れたりしたら、きっと病みつきになるんだろうな。彼はまたアラスカの大自然についても、熱心に語ってくれた。よく聞くと、彼はこの夏にイリノイ大学を卒業してアラスカに戻ってきたところ、あらためてここが気に入ってしまい、狩猟の生活を始めたのだという。

10月21日、国境を越えカナダに入った。アンカレジから720キロ走ったことになる。どこまで来ても景色は変わらない。雪をかぶった森と、氷の張った湖。往来する車は1時間に3、4台。時折、コヨーテが道路を横切る。走りに飽きると、雪の中になっている赤いクランベリーの実をパクパク食べた。酸っぱくておいしい。熊もベリーは大好物だ。

最初の夜は、国境の町ビーバークリークのモーテルに泊まる。部屋で自転車の整備をしていると、キャリアのネジの緩みと、ペダル部分の異音に気付いた。スパナを借りて締め直さなくてはならない。翌日、ガレージにスパナを借りに行くと、暇なのも手伝って、いろいろとアドバイスをくれたり、水のボトルにダクトテープをグルグル巻きつけてくれた。

「何が起こるかわからないからな」

いざという時に、はがして使えるようにという心配りだ。本当にここの人たちは、助け合って生きているんだ。

ヘインズ・ジャンクションからヘインズへと向かう。残り250キロ。雪が降り、風が出ているが、もう2日でゴールできる。ヘインズから先は道がない。そう、海なのだ。

途中、前から来るジープが激しくパッシングするので止まった。

「ハーイ! あなたね、吹雪の中を走ってたって人は。みんなあなたのこと知っているわよ。役場の人が、今朝見たって教えてくれたわ!」

ハスキー犬を隣に乗せた、僕と同い年くらいの元気な女性。これからアラスカ・ハイウェイでアンカレジへ戻るという。彼女はアウトドア・マンの心と腹をよく知っていた。ビニール袋いっぱいの、ナッツとチョコレートを差し出してくれたのだ。僕の大好物。

“Good luck”

“You, too !”

こんな出会いは嬉しい。単純なもので、元気が出てくる。

ヘインズ・ジャンクションから140キロのところに、無人のキャビンがあると聞いていた。海からの向かい風と、日照時間の短さに、気持ちばかり焦っていた。雪は雨に変わり、全身びしょ濡れで寒くて仕方がない。日没間際、ガスが出て見通しのきかない道端に、やっとの思いで緑色のキャビンを見つけた。「ナダヒニ・リゾート」。これはサイクリスト、スキーヤー、そしてハイカーに無料で利用してもらおうと、ある善意の人が建て、メンテナンスまでしている小屋だ。地図にも載っていないし、看板も目印もないので、口コミで教えてもらわない限り、絶対にわからない。

狭い部屋に水やトイレはないが、なんと、薪、ストーブ、食器、調味料、マッチ、机、椅子、2人が寝られるスペースとベッド用のスポンジが用意されている。この厳しい寒さと、向こう何十キロと何もない吹きっさらしの土地に、まさに天国を見つけた思いだった。ストーブに火を入れると、キャビン内は一気に温度が上がった。宿帳を兼ねたノートが置いてあり、ここで癒《いや》された人たちの感謝のメッセージが山ほど書き連ねてあった。みんな同じように凍えて到着し、この状況に感動し、生き返ったのだ。

あるオランダ人サイクリストが書いていた。

「ここにたどり着けたことが、どれだけ幸せだったか！　このキャビンは、人間を幸せにするために、いかに少ない物でこと足りるか、ということを教えてくれた」

まさにその通りだった。

無人のキャビン「ナダヒニ・リゾート」

「ナダヒニ・リゾート」の内部

翌朝、目を覚まして驚いた。外は猛烈な吹雪で、まったく視界がきかない。それでも急いで出発しなくてはならなかった。ヘインズから先は道がないため、今晩出航する週2便のフェリーに乗らなくてはならないからだ。

昨晩、「アラスカも、もう終わり。少し物足りない……」と思っていたからだろう。天は最後にプレゼントしてくれた。そう思うとこの状況も楽しめる。

雪で視界が悪いため、ヘッドライトを点《つ》けた車とすれ違う。ドライバーはスピードを落として追い越してくれる。ふと、背後から車の音が聞こえたので、追い越すと思って待つが、音は僕のところで止まった。

「おーい、乗せてってやろうか？」

ピックアップトラックの男が、窓を全開にして言ってくれる。

「いや、大丈夫。テントも食料もあるから！」

僕は、あえてつらいことをやっているわけでも、記録をつくろうとしているわけでもなく、ただやりたいことをやって、自己満足をしようとしているだけなんだ……。そんなことを心の中で繰り返しながら、ペダルをこぎ続けた。

暗くなってからヘインズに着いた。慌ただしく腹ごしらえをし、アラスカ南東部のフィヨルドにあるシトカへ向かうフェリーに乗りこんだ。フィヨルドのあたりは一年中霧がかかっているため、とても豊かな生態系が保証されていると聞いた。

アラスカという、想像を絶する厳しい大自然に生きる人たちは、お互いに助け合ってはじめて暮らしていくことができる。僕も1日1日、その日に出会う「助けるのが当たり前」と思っている人たちに助けられて、ここまで来られた。

"Cold Place, Warm Heart"

寒い土地には温かい心。これほどよくアラスカを象徴する言葉は、他にないだろう。

マラリアはないけどキャビン・フィーバーがあるぜ　―― アメリカ・アラスカ州

アラスカの人が言う通り、アラスカでのヒッチハイクは容易に思えた。

「助け合いの気持ちだよ」と彼らはよく言った。

僕はアラスカ第二の町、フェアバンクス郊外でオーロラを見るため、アンカレジに自転車を残してヒッチハイクをしていた。厳しい冬が始まっていて、これから南下するルートをとるのに、いったん真北に自転車で向かうような無茶は当然ながらできない。

自転車での出会いも特別だが、人口密度の異常に低いアラスカでは、ヒッチハイクをすることでまたいろんな出会いがあった。

車に乗せてくれる男たちはみんな、人と自然とアウトドア・アクティビティが好きな人ばかりだった。そして「日本から来た」と言うと、ガイドブックに載っていないアラスカの話をたくさんしてくれるのだった。とくに野生動物、天候に関しては、これから自転車で走ることもあって興味深かった。

今年は例年より冬が来るのが遅い。トックというカナダの国境に近い町では、10月でマイナス40度になる。濡れたように見える路面は「ブラック・アイス」という氷の状態になっていて、大変危険。除雪車は時速80キロでやって来るから、注意しろ。アラスカ鉄道も運転しているが、毎日ムース（ヘラジカ）を何頭もはねる。そしてそれを回収して配るチームまである（もちろん食べる）。タダで泊まれる無人のキャビン「ナダヒニ・リゾート」を知ってるか？　マリファナはいらないか、タダでやるぞ。ピストルは何を持ってる？　等々。

車に乗せてもらいながら、僕もよく自分の旅の話をした。自転車で3年間旅をしていると言うと、みんな目を丸くした。アフリカやアジアの話を聞きたがるので、僕がアフリカでマラリアと赤痢に同時に罹《かか》った話をすると、「そうか。ここにはマラリアはないけど、キャビン・フィーバーというヤツがあるぜ」。

「え？　キャビン・フィーバー？」

キャビン・フィーバーとは、長く暗い冬の間、1人または小人数で山奥のキャビンにこもっていると、その閉鎖的環境で精神的におかしくなってしまう症状のことだ。

フェアバンクスまで来ると、真冬の日照時間は4時間しかない。1日に20時間は真っ暗なのでずっと家にこもっていることになる。

閉ざされた環境でやることがないので、家の中でビデオを見るか、酒を飲んでケンカするしかないらしい。だからアラスカではレンタルビデオ屋が大繁盛。ボクシングジムでもあったら、みんなすごく強かったりして……。

アラスカの女性は体格もワイルドなら、やること（ケンカ）もワイルドで、「この歯がなくなったのは、去年の冬よ！　ハハハ！」とかなんとか、自らのキャビン・フィーバーぶりを披露するらしい。想像するだに恐ろしい。

また、キャビン・フィーバー状態の人が町に下りてくると、必ずバーに行き、酔っ払いながら狂ったように人に話をするという。一方的に喋るという。それで相手が立ち去ろうとすると、猛烈に怒る。しかしいったん喋り終えるとスッキリして、またキャビンに戻って行くのだそうだ。実際、アラスカではカウンセラーの需要も非常に高いとか。

それでも、アラスカに住む人たちが「アラスカが好きだ」ということを、自ら語る人たちばかりなのが印象的だった。

現実にこの土地に住むっていうのはどうなんだろう。あまりに厳しい環境ゆえに、税金を安くしている州である。

アラスカの大自然の中に住んでみたい、という強い憧れはあるが、そう簡単に言ってはいけないのかもしれない。

アラスカは、世界を回って「住んでみたい」と思ったところの一つである。が、ここに住むなら、パートナーをよく選ばなくてはいけないな……。

膝が壊れた！ 走れない！――カナダ

アラスカのシトカからは、同じ諸島にあるケチカンまで飛行機、そこからフェリーで再びカナダに入り、プリンス・ルーパートに着いた。ここからは道があるので、自分の足で走れる。

ところがなんということだ。後ろのホイールがグニャッと変形していて、まともに走れない。飛行機に積み込む時に、係員が自転車を落としたようだ。プリンス・ルーパートで自転車屋を探して修理を頼むが、店のオヤジは冷たかった。

「そこまでヘコんだホイールは直せないね」

「それじゃあ、新しいホイールを組んでもらえる？」

「あいにくそのサイズはないよ」

マウンテンバイクよりひと回り大きい、僕の700Cのホイールは入手困難だ。

「どこか他に置いてあるところはない？」

「まあ、3、4日もすればね」

そんな時間はない。やむなく、最寄《もよ》りの大きな町、プリンス・ジョージにバスで移動することにした。最寄りといっても720キロも先だが。
プリンス・ジョージでは、思いがけずプロ・レーサーにがっしりしたホイールを組んでもらうことができた。一番太い2ミリのスポークを使い、後にも先にもこれ以上いいホイールはない、というくらいの出来だった。

11月17日、プリンス・ジョージをカナディアン・ロッキーへ向けて出発。装備には充分な食料と燃料や、羽毛のシュラフに加え、グリズリー対策のベア・スプレー、ノコギリなどを持っている。スパイクタイヤは、ガリガリの氷の路面もしっかりとらえてくれて快調だ。時折、ムースが道に出てくる。巨体なので恐ろしい。狂暴なグリズリーはもう冬眠に入っただろうか。

しかし、初日にして前輪パンク。チューブを取り出してびっくり。なんとバルブがチューブから抜けている。こんなことは生まれて初めてだった。
ジャスパーまであと100キロ。雲の切れ間から太陽ののぞく道を、ロッキー山脈最高峰マウント・ロブソン（3954メートル）に向けて走る。カーブを曲がると、ドドーンと視

道路を横切る野生のエルク（ジャスパー市内）

界を遮る岩の壁が現れた。これがロブソン。中腹まで完璧《かんぺき》に切り立った山で、ほとんどすべて、岩肌が露出している。雪が積もる場所がないのだ。ところが山頂にはずっしりと雪が積もっている。その堂々とした姿に圧倒される。

ロブソンを過ぎたあたりで、突然左膝に異常発生。とくに上り坂になると刺すような痛みに襲われ、一瞬呼吸が止まるほどだ。いったいどうなっているんだ⁉

この日は、ロブソン登山口の休憩所にテントを張る。夜中、膝が腫《は》れている感じがして、何度も起きてはさすってみる。大丈夫だろうか……。とにかくポジティブに考えるしかない。明日はきっと大丈夫だ。

翌日ジャスパーに向かってこぎ続けるが、完全に膝がおかしい。膝を曲げた時の激痛が恐怖となり、歩くのも困難となった。なんとかジャスパーまでたどり着き、医者に診てもらったが、「原因はわからない。しばらく安静にしてみたら」と言うだけ。実際走ることができないので、数日間休養をとることにした。

一方、人づてに相談した、ロードレーサーのノボさんからeメールが届いた。「サドルを2ミリ上げてみろ」というアドバイスだった。言われた通りにしてみると、なるほど、膝への負担が軽くなったように思える。これで膝が治ったことにはならないが、ここにとどまっていても、落ち着かない。行けるところまで行こうと、11月30日、行程を進める。レイク・ルイーズまで230キロ、食料さえあれば、歩いても6日間で着く。2000メートルを超す峠が2カ所。ロッキーの雄大な姿を目にできる道だ。

しかし膝は、上り坂になると激痛に見舞われ、やがて平地でも頭に突き抜けるような痛みに襲われるようになった。本格的に治療を考えようと、優れたフィジカルセラピーがあると聞いていたキャンモアに出た。バンフ国立公園に近く、アイスクライミングやクロスカントリースキーなど、ウィンタースポーツを楽しむ人たちが集まるところだ。

そこのスポーツ専門医の診断は、「膝そのものの故障ではなく、裏側の腱《けん》を痛めている。3週間の通院を要す」。僕は愕然とするが、「膝が壊れていたら、そんなもんじゃすまなかったぞ」と言われ、気を取り直す。

でもこれで、遅れていた行程がさらに大幅に遅れ、アメリカ走行を断念せざるを得なくなった。長年イメージし続けたイエローストーン、グランドキャニオン、ヨセミテなど国立公園の景色が、一気に遠ざかる。自分の無力さが情けないが、計画を練り直すしかない。

考えてみれば、北米走行は、最初からトラブルが連続していた。最新式の油圧式ブレーキも、僕のミスでいきなり壊れた。バルブの抜けるパンクやホイールのトラブル、そして膝の故障。これは「急ぐな」という、警告だったのかもしれない。

毎日、フィジカルセラピーに通ううちに、膝の痛みがとれていった。

専門医に、リハビリとしてスノーシューイング（かんじきのようなものを履いて歩く雪上ハイキング）や、クロスカントリースキーをすすめられた。日々のトレーニングの合間に雪原に出て、これらのスポーツを楽しんでいると、落ち込んでいた気分もだんだんよくなっていった。

トレーニング中、日中でマイナス30度になった日があった。目以外は覆っていたが、わずかに露出する頬がピリピリする。まばたきをすると、まつげが瞬時にくっ付く。

カナダでは寒さよりも、風に注意しろ、とよく言われた。テレビでは、「本日の気温はマイナス30度、体感温度はマイナス60度以下になります。外出の際は肌を全部隠し、2人以上で出かけてください」なんて言っている。1人で動けなくなったら、助けが来る前に凍死してしまうからだ。車の事故でも、暖かいシュラフなどを積んでいないと、同じ運命になる。そんな事故のニュースが、ときたまテレビで流れた。

膝の故障は、慣れない寒さやサドルの高さ、重い荷物などが原因と考えられたが、いずれ

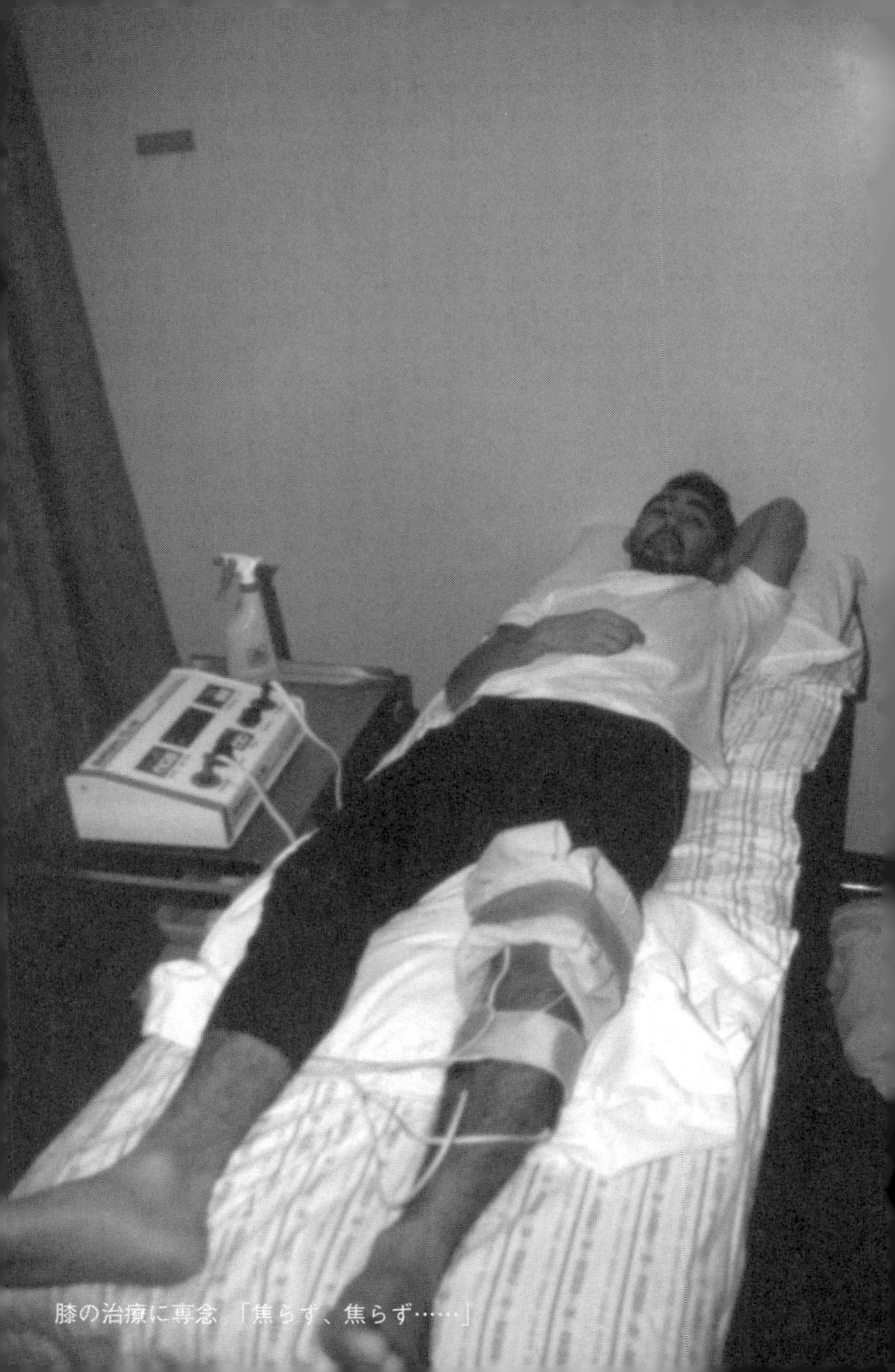

膝の治療に専念。「焦らず、焦らず……」

にせよ少なくともあと1年、帰国するまでこの膝とうまく付き合っていかなくては。

12月下旬、カルガリーまで走り、そこからロサンゼルスに飛んだ。そして31日、今度はニューヨークへと体一つで飛んだ。１９９８年の大晦日《おおみそか》は、親友とカウントダウンで有名なブロードウェイへ行こうと約束していたからだ。

約束をしていた裕次郎という男は、ニューヨークのコロンビア大学でＭＢＡ取得をめざしている。中学で一緒に自転車のロードレースを始めた仲で、その頃はよくツーリングにも出かけていた。結婚もし、自費で留学という、僕とは違う世界の人間となっていたが、会えば何も変わっていなかった。

ｅメールを活用すると、ニューヨークには裕次郎だけではなく、またボストン、ワシントンでも多くの友人が活躍しているのがわかった。幸運にも、そのうち何人かに会うことができた。みんな、がんばっていた。

日本を離れて、自分の将来に投資する彼らは、大いなる不安の中、前向きにやっていくしかない、という状況に身を置いていた。僕は、北米大陸が走れなくなったことを気にしていたが、そんなことよりも「前に進もう」「自分のできることを、精いっぱいやればいいのだ」という気にさせられ、ずいぶん刺激になった。

思えば北米では、「未開のアフリカや、混沌《こんとん》としたアジアのほうが楽しい……」と、目に映る〝今〟という時間に集中していなかったように思える。その結果、膝を故障させ、走れなくなるという最悪の事態を招いてしまった。その瞬間、瞬間を大切に、100パーセント享受しなくてはいけない。この大陸では、そんな大事なことを学ばせてもらった。

ちょっと寄り道 3
スポンサーのこと

「いろいろ申しましたが、私にもかつてあなたと同じような夢が…」

時計メーカー・シチズンを訪ねると、担当の方々が対応してくださり、酷暑の中、極寒の中で時計を撮影して来てほしい、といった条件を提示された。契約の話がすんだあと、副本部長の方がこうおっしゃった。

「いろいろ申しましたが、私にもあなたと同じような夢がありましてね。結局は叶えることができなかったんですが、その夢を坂本さんが代わりに果たしてくれるかと思うとすごく嬉しいんですよ。それにくらべれば、時計の写真なんか実はどうでもいいんです。とにかく生きて帰ってきてください」と、握手を求められた。その日はクールなギブ・アンド・テイクな話に終始するものと思っていた僕にとって、氏の話は胸にぐっときた。世界一周をやらなかったら出会えていなかったこういう人との縁が、今、とても貴重な財産となっている。

【お世話になったスポンサー一覧】

DHLジャパン、コダック、ニコン、オリンパス、
松下電器産業、キャノンデール、ワールド通商、
三菱レイヨン、シチズン、OGK、キャットアイ、
キャラバン、シマノ、ナショナルタイヤ、小川テント、
インターテック、スター商事、
リンク、IIC、アライテント、
大倉スポーツ、
ブシューコーポレーション、
エバニュー、パタゴニア、
モンベル、マレーシア航空
（順不同・敬称略）

パリ・ヴィクトワール店。ミキハウス・フランスの社長も最大の理解者の一人だった

長い間会わなくても、また何をしていようとも、僕を思ってくれる人がいるのがものすごい励ましだった

「日本人もたまに自転車で来るよ。
えっと、最後に来たのは確か……」

STAGE
4

01/99-12/99

南アメリカ

［走行ルート］

赤道
キト 終着点
ネズミ治療
マチュピチュ
クスコ
ウユニ塩湖
ポトシ
高山病
シコ峠
サルタ
サンチアゴ
羊が飛ぶ(!?)
ほどの強風
クロード、
ジェイミーと再会
ルータ・クワレンタ
トレス・ラゴス
ウシュアイア
世界最南端のドラム缶風呂
AIR,SHIP,TRAIN etc.
BICYCLE

パタゴニアの風で羊がビュンビュン飛ぶ?——チリ/アルゼンチン

日本から最も遠いところにある南米は、僕にとって最後の大陸だ。4年3カ月の自転車の旅を締めくくる。厳寒のカナダで痛めた膝が心配だが、少しずつ走って調子を取り戻すしかない。厳しい自然と素朴な人のイメージの南米。どのような出会いがあるだろうか。この大陸でも、僕は受け入れられるだろうか。

南米の入口として、チリの首都サンチアゴを選んだ。冬が来る前に大陸最南端に到着できる拠点であることと、治安面を考慮した。

2月20日、サンチアゴから1200キロほど南の、チャイテンの町に立つ。ここからカレテラ・アウストラルを南下し、アルゼンチンへ入り、1000キロ近く続くR40(ルータ・クワレンタ)を走って、道がなくなる大陸最南端をめざす。

南米大陸の南緯40度以南をパタゴニアと呼ぶ。人を寄せ付けない大自然と、野生動物の宝庫だ。日本の面積の約3倍もあり、世界一の強風の地としても知られる。ルータ・クワレンタは、そのパタゴニア土漠地帯を走る、水も食料も乏しい、険しい未舗装道路。

南部へ行くと風の強さは半端ではなく、放牧の羊がビュンビュン飛んでくるとか、自転車が500メートルも風に吹き飛ばされて戻って来るのに5日かかったとか、住民はノイローゼになっているとか、そんな冗談まで飛び交う恐るべき世界である。


パタゴニアのスタート、カレテラ・アウストラル。このルートはアンデス山脈のチリ側を走っている。美しい緑や氷河、湖、滝などがあり、アップダウンも適度にあるので、未舗装だがサイクリスト好みの道だ。

ここを南下中、几帳面に〝超〟が100個ほどもつく、ドイツ人サイクリストに出会った。フローリアンというその男は、使用しているすべてのパーツや装備の購入年月日・場所・値段・重さを、小型コンピュータで管理していた。スペアのネジやワッシャーの数と重さはいうまでもなく、はいている下着から運んでいるバナナの重さ1本まで計算していた！　これだけの努力にどれだけの意味があるのか、恐ろしくて聞けなかったが、「切手5枚＝1g」と画面に出てきた時には、開いた口がふさがらなかった。その後彼はドイツに戻り、BMWで働いていると聞いたが、仕事の合間に、「ウヒヒ」とか言いながら当時のデータを見ているに違いない。

パタゴニアの強風にさらされる木

一本道の両側は茂みだが、直線が長いので視界がきく。鼻歌まじりに走っていると、白いシャツを着た男が遠くに見えた。サイクリストか？　いや、自転車は見えない。村もないのになんだろう？

しかし、近付くまでに姿を消してしまった。自転車を降りて、男のいた場所を見回すが、他に道があるわけでもない。その後、別の場所で2回、同じように人影が現われては消えた。

南米のくわしいアドバイスをくれたナベさん、彼だろうか。彼とはパキスタンで別れて、3カ月後にネパールでの再会を約束していたが、冬のチベットで帰らぬ人となってしまった。そんな彼が、僕の走りを見守ってくれている気がした。このカレテラ・アウストラルは、ナベさんのお気に入りのルートだった。

チリ・チコからアルゼンチンへ入国。南緯46度、ペリト・モレノからいよいよルータ・クワレンタを南下し始める。

いきなりものすごい登り坂で、自転車を押す。チベットの頃を思い出し、胸がつまる。登り切ると、乾燥した平原が地平線まで広がった。障害物がなく、遠くを見渡せるので、なんだか楽しくなる。

2月21日、初日の走行約50キロ。午後7時過ぎ、窪地にテントを張っていると、ワゴン車が止まり、水を分けてくれた。地平線まで広がる夕焼けのあと、雲は薄いブルーに溶けて、やがて藍色に染まり、星のダンスが始まった。いつしか風は止み、静かな夜を迎えた。ルータ・クワレンタのプレッシャーのせいだろう、胃が少し痛む。不安はあるが、いいスタートだ。

風がテントを揺さぶる音で目が覚めた。北からの強風が追い風となり、ペダルをこがなくても時速30キロ以上で走れる。普段の倍のスピードだ。日差しは強いが、太陽が隠れると風があるため寒い。時折、野ウサギやアルマジロが顔を出し、僕の姿を見て一目散に逃げて行く。固くしまった土の道をとらえる、タイヤの音が心地いい。

3日目、ペリト・モレノから150キロ。早朝は微風だったが、昼前から冷たい向かい風に。まじめにペダルをこいでも時速5キロとまったく進まないので、歩き出す。地平線までまっすぐな道が続いている。思い出したように車が通り、砂埃を上げていく。

昼頃、道路整備の人たちが住むキャラバンが見えてきたので、昼食を期待して、「こんに

果てしなく続く砂利道

ちは！　水を分けてください！」と食堂へ突進した。そこでは10人ほどの大男たちが、鉄板いっぱいのアサード（ステーキ）を、ワイン片手に食べているところだった。僕の心は完全に肉に奪われていたが、空のペットボトルを差し出すのを忘れなかった。すると、「オイ、コミーダ（食事）だ！」。

ボスらしい腹の出た男が、笑いながらテーブルに招いてくれる。うひゃひゃ！　肉だ、チョリソ（ソーセージ）だ、ジャガイモだ。パンだって山盛りだ。僕は大袈裟《おおげさ》に喜んでテーブルに加わり、モリモリ食べ始めた。普段肉を携帯できない僕にとっては、最高のご馳走。ワインやジュースもすすめてくれた。すっかり満腹になったが、さらに、「余ってるの、持っていきな！」と、空いたワインの紙パックに、アサードやチョリソをぎゅうぎゅうに詰めて、持たせてくれるのだった。

話題といえば、お決まりの女の話で、「今度日本から女を20人送ってくれ。ここは女がいなくてダメだ！」などとムチャなことを言う男たちだが、みんな心優しい。

「パタゴニアの先住民が使っていた、石のナイフだ」と、整備中に発見した物を記念にくれた男もいた。

夕刻になってから、丘陵地帯に入った。水を補給したいが、現在地が地図で確認できない。

この時間から下手に動くより、体力を温存したほうがいい。風除《よ》けとなる場所がないため、パンパのど真ん中にテントを張る。風が強過ぎてテントが吹き飛ばされるので、中に荷物を放り込んでからペグを打ち、設営する。一帯に生える草は、厳しい環境に耐えるために針のように硬く、テントのグランドシートを突き破る。

水が1リットルしかなかったので、米を炊くのをあきらめていたが、現われた車が分けてくれた。夕食がパンやビスケットでは力が出ないのでありがたい。テントも張れて、いざ飯だ、と喜んだが、今度はガソリンコンロのプレヒートができない。風が強過ぎて火が流れてしまうのだ。4回目でやっと青い炎にすることができて、ホッとする。

1日の終わりに、砂糖を入れたアールグレーを飲みながら、その水蒸気の粒をロウソクの光で眺めるのが最高の瞬間だ。この日、大きなスーパーに買い物に行く夢を見た。

ルータ・クワレンタを３００キロ余り来たところで爆風となった。小石が顔に当たり、まるでいじめにあっているようだ。ブレーキをかけて自転車を押さえていても、横からの突風に、60キロある車体がズズーッと動く。視界はほとんどないが、スキー用のゴーグルが役に立ち、目を開けていることが可能だった。風が弱まった時に一気に進むが、そんな時は少ない。20キロに5時間もかかった。

タメル・アイケというチェックポストで、コンロ用のガソリンを入手できると聞いていたが、店らしきものはない。面倒臭そうに出てきた男に、「ここには何もねえんだよ！」と怒鳴られた。ところが自転車を降りたついでに、家の陰で休ませてもらおうとしたら、中に入れてくれた。スカーフを巻いたオシャレなその男は、コインをジャラジャラ持ち出してきて、子どものように自慢する。

「外国のコイン、集めてるんだ。今7枚」

おい、オヤジ、さっきのガンコさはどこへいった。5円玉でも持っていればよかったが、ないのでアメリカの25セント硬貨を渡すと、嬉しさを押し殺すようにして喜んだ。

男は、チョコレート入りのドゥルセ（パンにつけて食べるコンデンスミルク）をビンごとくれ、見送ってくれる。そのついでに、小鳥に餌を与えていた。こんな人の寄り付かぬ僻地《へきち》にたった一人で暮らす、寂しさゆえの無愛想だったのか……。家の中にいても、車が通るたびに、誰の車かを窓から確認していたものなあ。

南米大陸最南端、タラバガニの出迎え――チリ／アルゼンチン

相変わらずの強風と格闘していると、前から来たジープが止まって、男が降りてきた。

「2人の男が、少し前を自転車で走ってるぜ」

ヤツらだ！

チリのコイアイケで出会った2人組。1人はスイス人のクロードで、世界一周中、5年目。もう1人は、トレーラーを引くアメリカ人のジェイミーで、南米を3カ月走っている。2人ともワイルドでタフなうえに、アクが強い。どの辺を走っているか、時々気にしていたが、彼らも無事に進んでいるようだ。僕は嬉しくなって「もし追い付いたら一緒に走ろう」とメモを書き、後ろから来た車に託した。不毛地帯を行くには、パートナーがいたほうが楽だ。彼らも南米最南端をめざしていることだし。

夕方になって、道路脇の石に、

“Got your message, Tatsu!　26-2-99　AM11：30　Yak & S.pollo”

「タツ、メモは受け取ったよ！」というメッセージと彼らのニックネーム、そして通過した時間がマジックで書かれているのを発見した。おお、受け取ってくれたか。追い付けるだろうか。彼らは僕の半日先を、ほぼ同じペースで進んでいる。翌日も数カ所で、彼らの残したメッセージを見つけた。

3日後、トレス・ラゴス手前15キロ地点でとうとう追い付き、3人で久しぶりの再会を喜ぶ。しばらく1人だったので、こういう再会は鳥肌が立つほど嬉しい。これまでにジェイミーは2度パンクし、トレーラーの傷みも激しいので心配している。クロードは、60キロの大荷物のため、何本もスポークを折っていた。僕は2日前、下り坂で風にハンドルをとられて大きく転倒し、腰を打ったことを伝えた。でも、とりあえずみんな充分走れるし、元気なので嬉しい。

僕らは600キロぶりの町、トレス・ラゴスでビッグ・ランチをとった。といってもレストランではなく、食料品店の横でだ。2人の食いっぷりはすごい。とくにクロードは体がデカイので、よく食う。「サイクリストを家に呼ぶな」という格言があるくらいで、食事がエネルギー源の僕らサイクリストは、他人の家であろうとも、腹が空いていれば、あるものをみんな食い尽くしてしまうのだ。

この日、テントを張りながら、日没直後の虹を眺めた。空の蒼《あお》さがいい。

太陽、雨、風、雲、そして大地。シンプルゆえに、のしかかってくるようなインパクトがある。どうしようもなく圧倒的な天の創ったルールの中、僕たちは生き、生かされているのだ。不毛の大地で必死に生きる野生動物や、はいつくばるように生える草、そんなものがどういうわけか妙に愛おしく感じられる。

再会した仲間、ジェイミーとクロード

プンタ・アレーナスからフエゴ島に渡った。マゼラン海峡とビーグル水道と大西洋に挟まれた南米大陸最南端の島だ。〝火の国〟を意味するフエゴという名前は、マゼランがこの強風の土地に、原住民の燃やす火を見つけて驚き、付けたといわれる。あと500キロ足らずで、ウシュアイア、世界最南端の町に着く。

1999年3月22日、午後12時半、ウシュアイア到着。町は港に面し、周りの山はすっかり雪化粧をしている。風が吹き荒れ、まさに最果ての地、といった感じ。南極までわずか1000キロ、日本から最も遠い地に来た。

世界最南端に住む日本人の上野さんが、僕の到着を温かく迎えてくれた。40年前にアルゼンチンの地に渡り、子どもたちを育て上げ、今はもっぱら旅人の相手をしている。口が悪くてガンコなところもあるが、気のいいオジちゃんである。

上野さん宅は、長い間サイクリストたちにとって、伝説の「ゴール」となっている場所だ。過去にここを自転車で訪れた人たちが残したメッセージが、ノートに何冊分もあり、読むと感慨深い。みんな、ここまで自力でたどり着いたのだ！　みんなのメッセージからパワーを分けてもらえる気がした。これも上野さんのおかげ。

そして上野さんと並ぶ、世界最南端もう一つの名物、タラバガニも一緒に僕を出迎えてく

世界最南端のドラム缶風呂！

れた。

「どうだ、見事なもんだろう」

うわさに聞いて、何度も頭の中で舌なめずりした、2キロのタラバガニが目の前に現われた。かぶりつくようにいただく。う、うまい！　息もつかずに、一気に食べる。上野さんは、そんな僕を笑いながら見守ってくれていた。僕は自分のウシュアイア無事到着を、タラバガニで祝ったのだった。あの味は一生忘れないだろう。


上野さんの民宿に泊まり、「世界最南端のドラム缶風呂」に入り、放牧の牛のうまいステーキを、自分で焼いて腹いっぱい食べてリラックスした。シーズンオフのため、残念ながらもうサイクリストは到着して来なかったが、同泊した、転倒して腕を骨折中のオートバイ青年と話したのも楽しかった。最果ての地で、同じ国の人がいてホッ。実家にも国際電話を入れ、無事の報告をした。そういえば、母の声を聞いたのは久しぶりだった。


パタゴニアでは本当の大自然を満喫し、人間を寄せ付けない不毛の大地を毎日走り続けた。厳しい自然ゆえに美しさが胸に響く。

多くのクライマーを魅了する世界的に有名な、フィッツ・ロイという天を突き刺すような

神秘的なフィッツ・ロイ

山の頂が、朝焼けで赤く染まった瞬間。幅5キロ、長さ14キロ、高さ50〜55メートルの超巨大で青いペリト・モレノ氷河。バリバリバリバリッ！　氷塊は地を裂くような轟音《ごうおん》と共に崩れ落ち、湖面にスローモーションで倒れていった。数万年もの間こうして存在していたのだと思うと、気が遠くなった。

ダチョウのようなニャンドゥ、グアナコ、ペンギン、キツネ、イルカなどの野生動物に心がなごんだ。素朴な人々に何度も助けられた。苦しい時は、風がグーッと押してくれた。

僕の旅の最後となる南米大陸。パタゴニアの手応えは充分だった。

何年か前、ここに到達していたナベさんを思った。

彼の死のショックは癒《い》えていないが、彼の分まで走って、いろんなものに出会うことが、そして伝えることが、今の僕にできること、することだと思える。カレテラ・アウストラルで見た、ナベさんの幻影のようなものにも驚くことはなく、逆に見守られている安堵に近い感覚があった。

帰国まであと9カ月、中米まで北上する。感謝を忘れず、毎日を大切に走りたい。

パタゴニア走行2260キロ。

なんと、命の恩人はチリ第二州の知事だった――チリ／アルゼンチン

海抜2400メートルの砂漠の町、チリのサン・ペドロ・デ・アタカマから、アルゼンチンのサルタへ向かう。距離にして520キロ、国境にはアンデス山脈を横切る4080メートルのシコ峠がある。

広大なアタカマ塩湖のフラミンゴ生息地を通って、山脈にさしかかり、2日目。標高3300メートルのソカイレというインディヘナ（先住民）の多い村に着いた。

翌朝、8リットルのボトルに水を満たして出発。国境まであと140キロ。

高度と乾燥のため、太陽が強烈だ。酸素が薄くなり、心拍数が上がっているが、気分はいい。時折、休憩のため道端の岩陰で横になり、目を閉じて眠りに落ちる。

過不足のない準備をして、自分の判断力に頼り、標高を稼いでいくのは楽しい。やればできるという自信と、山を越えるたびに出会う風景との対話の感動は、病みつきになる。

3日目の5月4日、標高3800メートル。風があるので排水路にテントを張った。高山

病を心配したが、食欲があるので問題ない。今日はカラビネロス（チリ警察軍）の車が1台だけ通った。午後8時半、ロウソクを消し、今頃日本では鯉《こい》のぼりが泳いでいるんだなあ、と思いながら寝た。夜中は氷点下になり、ボトルの水が凍った。

翌朝、日の出と共に目覚め、凍った水を沸かしてコーヒーを入れる。風がなくあまりにも静かなので、キーンという音が聞こえてくる気さえする。人の気配のない厳しい大自然。自分だけが対話している心地よさと不安が一体になった、複雑な感覚を覚える。

そうこうしているうちに、強い追い風が吹いてきたので、距離を稼ぐために走り出す。標高4000メートルを前後しながら、アカシアと硬い草だけが生える不毛の大地をアルゼンチンへ向かった。

地図を見る限りではいくつも川があり、少しは水の補給ができると考えていたが、誤算だった。どこも干上がっていて、一滴の水もない。早く水のあるところへ着かなければ。

昼を過ぎてから、頭痛とめまいに襲われた。もしかして高山病だろうか。不安がよぎる。高度に順応するために、ゆっくり上がってきたのだが……。しばらくするうちに、食欲もなくなってしまった。典型的な高山病の症状だ。

「ふーっ、どうしたらいいんだろう」

しばらく岩陰で風を避けて寝る。高山病の時は動いてはいけない。無理をすると呼吸困難や意識不明になり、死に至る。治すには高度を下げるしかないが、午前中走ってきた強風を思い返すと、風に逆らってまで戻る気になれない。体力ももたない。水があると言われた10キロ先まで行ってみようか。しかしそこに水があるという保証はない。

ボーッとしながらも、選択肢は1つしかないと思った。体力を温存しながら、回復を待つ。症状の回復までに水が尽きてしまえば、それまでだが……。水は残り1・5リットルしかない。最後は小便を取っておいて、飲もう。水分ならなんでもいい。

それにしても、1人っていうのは、こんなに心細いものなのか。昨年チベットで遭難したナベさんは、もっと極限の状態にあり、これよりずっと心細かったに違いない。

もしこのまま倒れたら、いつ、どうやって僕は発見され、どのようにして日本に知らされるのだろうか。遺品はどう処分されるのだろうか。なんて弱気になり、知らず知らず思考が「死」に流れていく自分に気付き、ハッとする。

再び風が強くなってきた。今テントを張らないと、後で力があるかわからない。これでテントが風にもっていかれたら助からない。ペグを打ち込みながら、妙な思いにとらわれた。これは自分の墓穴《ぼけつ》を掘っているんじゃないかと……。

自転車を道の真ん中に横倒しにした。車が通ったら止まってくれるだろう。とはいっても、車は数週間前に全面舗装された、一つ北の峠を行くので、期待はできない。

絶望的な思いでテントに入ろうとした時、峠のほうから砂煙を巻き上げながら1台のカミオネッタ（ピックアップ・トラック）が来るのが目に入った。僕は目を疑った。まさか！カミオネッタはスピードを落とし、倒された自転車の前に止まった。助けを求めると、「6キロ戻るとカンパメント（仮設居住地）があるから、連れて行ってあげよう」。

助かった！

カミオネッタに自転車を積んで乗り込むと、男はアスピリンをくれた。そうか、アスピリンを飲むことさえ忘れていた。そしてチリでは高価な缶ジュースをくれる。アスピリンなんか持っているし、カミオネッタも上等だ。いったい何者だろう。

男は6キロ引き返し、カンパメントの男に紹介してくれたが、あと5キロ行けば酸素ボンベも車もあるカラビネロスだからと、そこまで連れて行ってくれた。カラビネロスの隊員は、男に敬礼をする。男は、「この日本人の面倒をしっかりみるように」と命じ、僕には名刺をくれた。

そこには、「州知事」の肩書き。命の恩人はなんとその州の知事だったのだ！

それにしても。……天は本当に味方してくれている。助かったのだ。少し前まで絶望的な状況にあったのに、今、風のない暖かな建物の中で酸素を吸っている。高山病や重労働の苦痛を麻痺《まひ》させる作用がある、コカの葉のお茶を大量にもらい、この日は早々と休んだ。5月5日、標高4300メートル、チリのカラビネロス泊。

翌日、頭痛と微熱が残り、鼻血が出た。再び酸素を吸わせてもらう。昨日のショックからか、気分がすぐれないので、もう1泊させてもらうことにする。

カラビネロスには、男だけが6人。ここを通る車はほとんどないので、国境のパトロール以外は、暇をもて余していた。僕はいい話のネタになったようだ。彼らが言う。

「日本といえばチャーハンだろ。作ってくれ！」

ちょっと勘違いしているが、まあいい。圧力鍋で米を炊き、なんとかそれらしいものを作ると、「うまい、うまい」とたいらげてくれた。彼らはいつもパンと紅茶かコーヒーなので、珍しいものを口にできて喜んでもらえたようだ。

夜、食堂でパンを食べながら、みんなが、「もう戻って来るなよ、永遠に！」と言う。え？　親切な男たちが、なんで急にそんなことを言うのだろう。スペイン語なので、聞き間違えたのかもしれない。

「ポルケ？（どうして？）」と聞くと、1人の男が、指でドラキュラのように飛び出した歯の形をつくった。他の男たちはニヤニヤしている。

「なんだそれは？」と聞いたら、「お前は食い過ぎるからだよ！」と言われ、全員で大爆笑。高山病で食欲が減っているのに、そんなことを言われるとは……。

カラビネロスで2泊させてもらい、国境を越え270キロ先のサルタの町をめざして下り始めた。悪路の振動が頭に響くが、早く高度を下げたい一心でペダルをこいだ。5月7日、アルゼンチンに入国。標高にして500メートル近くを下り、高山病の症状は消えた。

下っていると急に、ニョキッとまっすぐに生えたサボテンが現われて、目に新鮮だ。近く

天に向かってまっすぐ生えたサボテン

で見ると、いかにしてこの厳しい自然環境で自らの生命を保ち、子孫を残していくかという必死の努力がうかがえて、感動するばかりだ。数日前に、「死ぬかもしれない」などと弱気になっていた自分が情けなくなる。一生懸命生きる姿は、本当に美しい。

国境を越えて4日後、サルタの町に到着した。ここは標高1200メートル。暖かく、空気も湿度もあり、当たり前だが人もいて安心する。少し休みたかった。

訪ねた宿はアットホームで最高。こぢんまりしたところだが、お茶やお菓子をしょっちゅう出してくれるし、洗濯もしてくれる。自転車の修理に手間どっていたら、オッちゃんがいい工具を貸してくれた。週末は9歳の男の子がテレビゲームで遊べる日。相手をしてやると大喜びで、次から次へと違う遊び道具を持ってくるのが、またかわいかった。

当初は外食だったが、「外で食べてもおいしくないだろう。一緒に食べよう」と、家族と一緒の食卓で、結局3食ともお世話になってしまった。アルゼンチンの家庭料理、とくに牛肉に衣をつけて揚げたミラネサはおいしかった。

この家族、この頃の僕にとって、どれだけ心休まる存在だったことか。数日前まで、水も酸素も不足した状況で高山病になり、生きるか死ぬかを考えていた自分が、今は守られた絶

サルタの民宿で9歳のエリアスと

対的な安心感のもと、談笑しながら食事をしている。初めの2日ほどなどは、高山病のことをすっかり忘れている自分にさえ気付かないくらい、リラックスして過ごせた。高山病のことは話していなかったのに、彼らのいたわりやもてなしといったら……。

あまりの居心地のよさに、結局5泊もしてしまった。宿代を払おうとしたら、半分も受け取ってくれない。ご飯もたくさん食べているのに、そうはいかない。が、頑として受け取ってくれない。午前中に出発したかったが、「お昼、食べてから行きなさい」の誘いに、ついご馳走になってしまう。いつものように食べ過ぎてしまい、動けなくなってシエスタ（昼寝）する。そのあとも大変だった。

「もっといていいから。お金はいらないよ。明日出発しなさい」

そんな親切な言葉を振り切ってスタートする。本当はもっと甘えていたいが、これ以上お世話になると、出発の決意がもっともっと鈍ってしまう。

親戚の18歳の少年が友人を4人も引き連れて、自転車で見送りに来てくれた。そして20キロ以上も伴走してくれた。ここでもいい出会いに恵まれて、幸せだった。

今回は高山病で死が頭にちらつき、しばらく自転車にはまたがりたくないと思ったほどだったが、こうして気分を入れ替えられ、再び新たなスタートが切れた。これもすべて、僕を

息子のように受け入れてくれた家族

息子のように受け入れてくれた宿の家族との出会いのおかげだ。この巡り合わせなしには、僕は再スタートを切ることはできなかっただろう。

ナベさんも走った白い大地、ウユニ塩湖――ボリビア

アルゼンチンからボリビアに入国したのは、5月23日。インディヘナが多く住む国。音楽、食べ物、服装、インカの遺跡、世界最大の塩湖、いずれも独特で興味の尽きない国といわれている。

標高3450メートルの国境の町、ビジャソンではさっそく、大好きなメルカド（市場）へ足を運び、探検。腹が減っては戦《いくさ》はできないので、まず昼飯に羊のアサード（ステーキ）。肉と数種のイモ、トウモロコシと生野菜。皿を片手に、手づかみで食べる。値段は1ドル少々。南米で最も物価の安い国といわれているが、確かに安い。葉でくるんだ、エンパナーダ（具入り揚げ物）もおいしい。アピという、紫トウモロコシの温かい栄養ドリンクも、かなりイケる。

チョリータ（インディヘナのオバちゃん）たちは、長い髪を三つ編みにして山高帽をかぶっている。スカートは、腰から膝にかけてブワーッと広がっているのが特徴だ。カラフルな

子どもを背負ったインディヘナのオバちゃん

布で赤ん坊を背負ったチョリータが、中国製のプラスチックカップを真剣に選んでいる。カセットテープ屋は、客が寄り付かないほど大きな音で曲を流して、平気な顔をしている（アフリカも同じ）。電気屋の店先にSONYのウォークマンを見つけ、おや？　と手に取りよく見ると、SQNYと書いてあるのには笑った。

フォルクローレも流れてくるし、いよいよ来たぞ、ボリビアに来た！　という感じで興奮する。訪れた国は40カ国を数えるが、ここボリビアも何もかもが新鮮に映り、楽しくて仕方がない。

標高約4000メートルの15万人都市ポトシに向かうと、たちまち崖《がけ》から転落しそうな悪路となる。下ったかと思うと、はるか彼方の山に、再び天に昇るかのような勢いで道がついていて、気が遠くなる。あたりはアカシアと、やる気のないサボテンがだらしなく生えたり、折れたりしているだけだ。よくぞ神は、こんなに単調で荒涼とした山岳地帯をお創りになられた、と嘆きたくなる。

ポトシから西の方向に、ウユニという世界最大の塩湖がある。標高約3500メートル、面積は琵琶湖の約18倍。乾季は干上がり、実に20億トンもの塩に覆い尽くされる。ずっと楽

標高4050メートルの都市・ポトシの街並

しみにしていたところだけに、待ちきれない。

塩湖走行の拠点となる、ウユニの町で出発準備をする。食料は約1週間分。ツナ缶3、トマトサルディーン缶2、卵6個、米1・5キロ、スパゲティ1・5キロ、玉ネギ大3個、パン20個、オートミール大1袋、ソーセージ6本、ジャム、バター、コーヒー、紅茶、マテ茶、砂糖1キロ、コンソメ、アメ、チョコレート、羊かん、干しブドウ、ナッツ、ビスケット。水は10リットル。他に、日焼け止め、保湿用クリーム、リップクリーム、サングラス、毛糸の帽子、グローブ、バラクラバ（目出し帽）など。

そしてこの時から、圧力鍋を携帯することにした。高地では沸点が低いために、スパゲティや米にうまく火が通らず、何度も地獄へ落ちる思いをしてきた。自転車乗りは、食事が命だっていうのに！　しかし、もう大丈夫。標高4000メートルで完璧なアルデンテのパスタが食べられる。さらに、火から下ろしても調理が続くので、燃料の大幅な節約にもなる。奮発してテフロンの高級品を買ったので、何を料理してもこびりつかない！　金属のスプーンだとテフロンに傷がつくので、木のヘラまで買ってしまった。毎晩、この圧力鍋を使うのが楽しくて、楽しくて。

道は砂が塩と混じり、次第に白くなっていく。ところどころにある水たまりを避けながら自転車をこぎ始め、塩湖にある74キロ先のインカワシ島へ向かう。塩を採集していた男に方角を尋ねると、「ムチャクチャ遠いぞ」と指差された。地平線しか見えないが、塩の上の轍《わだち》が地平線の彼方まで延びている。ジープのツアーが走った跡のようだ。轍をたどって行けば島に着けるはずだ、と日に焼けた男は、サングラスをしたまま言った。

前後左右にある、山の形をしっかり覚えて、走り出す。雪と見紛う塩の結晶の上を、パリパリと音をたてながらタイヤが転がる。

ペダルをこぎながら、大きく深呼吸をした。風が頬をなで、話しかけてくる。「やっと始まった」そんな感覚に、一瞬体が緊張した。時は7月22日、もう冬の冷え込みが厳しい。

タイヤの塩を踏む心地よい音を聞いているうちに、日が傾き始めた。轍から離れ、誰もいない真っ白の塩の大地にテントを張り、夕日を眺める。オレンジ色の太陽は、ものすごい速さで地平線に沈んで行き、最後の一瞬金色の点になり、消えた。それまでひたすら眩しかった世界が、モノトーンの世界になった。しかし夜は明るかった。月明かりが雪原のような塩の大地を照らし出していたからである。

ウユニ塩湖とリャマの親子、そして僕のテント（右上）

2日目、インカワシ島までの55キロ。標識などもちろんなく、道を聞く人もいないが、はるか彼方に見える山の位置と轍を見失っていないので、大丈夫だ。30キロほど手前から見えていたインカワシ島に、3時間近くかけて到着した。思えば自転車で島に着く、というのも妙な感じだ。歩いて一周できるほどの小さな島には、高さ6メートルはあるサボテンが無数に生えている。

島から800メートルほど離れたところにテントを張った。

次の日も連泊。島に住んで、旅行者の相手をしている唯一の家族と話をした。

「おお、日本人かい！　日本人もたまに自転車で来るよ。えっと、最後に来たのは確か……」と、旅行者が書き残していったノートを持ち出してきた。ペラペラとめくっていると、几帳面なナベさんの字を見つけ、ハッとする。このウユニ塩湖は、あのナベさんがお尻丸出し写真を撮った現場なのだ。

日没後、塩の大地の上に人影を見つけた。自転車を押しているサイクリストだった。オランダ人、ヨハン。年は僕より10歳くらい上だろう。彼もチベット、モンゴル、アフリカに行っており、初めて南米大陸に乗り込んだ、と言った。スペイン語が上手くないのをしきりに悔やんでいたので、人との出会いを大切にする人だと思った（南米大陸では、ポルトガル語のブラジルを除き、スペイン語が話されている）。

テントの前で、僕は沸点の低いぬるめの紅茶をすすり、ヨハンは氷点下だというのにビールを飲んだ。黙って遠くに視線を送っている。感動を静かに心に刻み込んでいるのだろう。

人は、さまざまな思いを胸に秘めて旅をしている。

しかし、年齢や国籍には関係なく、何かが共通する。

それは、パートナーがいるのはいいな、とか、前に進んでいるのはいいな、とか、そんな単純なことかもしれない。

ヨハンと過ごしたのは半日足らずで、口にはしなかったが、お互いそんなことを思っていたような気がする。

僕の自転車の旅も、あと5カ月となった。

ネズミで治療「背骨悪いね、膀胱《ぼうこう》も悪いね」——エクアドル

エクアドルの首都キトから北に3時間バスで行ったところに、南米独特の色づかいとデザ

オタバロ族の小学生

インの織物で知られる、オタバロという町がある。商売に長《た》けたオタバロ族が、ここで毎週土曜日に大きな定期市を開いている。

「生後3カ月の生きたクイ（天竺《てんじく》ネズミ）を、体にこすりつけて治すんだよ」

キトで会った日本人に、クイを使ったインディヘナによる伝統治療のことを教えてもらった。その医者がオタバロにいるという。

4年にわたり体を酷使したので、時折痛む膝と首を治してもらおうと、僕はオタバロに向かった。ネズミを使って病気やケガを治すなんて「あやしすぎる」と思う一方、現代まで引き継がれている、そんなインディヘナのやり方をぜひ体験してみたかった。

小さな診療所のドアを開け診察室に入ると、白衣とインディヘナ独特の帽子がミスマッチの、オタバロ族の医者がいた。部屋には、採ってきたばかりの薬草が山のように積んであったり、経絡図（東洋医学でいうところの体の〝気〟の流れを示す図）が貼ってあったり、なかなかあやしい雰囲気だ。お香のような匂いもする。

医者は、治療用に飼っているクイの檻《おり》に手を突っ込んだかと思うと、臆病《おくびょう》ですばしっこく逃げ回るクイを、素手で一発でつかみ取った。この時点で「これは治るかもしれない！」、僕はそう思った。医者は、日本の診察室と同じような丸椅子に目をやりながら言った。

「座りなさい」

クイをこすりつけるのだから上半身くらい裸になるのかと思ったが、ならなくてすんでホッとする。医者は、立ったまま片手を僕の頭に乗せ、生きたクイを握って体中に小刻みにこすりつけ始めた。当然のようにクイは抵抗し、爪で僕のTシャツを引っかいたが、やがて失神して、失禁した。医者の治療はそれでも続いた。3、4分もたっただろうか。

医者は、次に水の入ったバケツを持ってきて、カミソリの刃をクイののどもとに当てたかと思うと、切れ目を入れて皮を剝《は》ぎ、グリグリと臓器一つ一つを解剖《かいぼう》するようにバラし始めた。そして、「背骨悪いね、膀胱も悪いね」と言う。僕があっけにとられているうちに、それで治療は終わってしまった。

僕は、「で、悪いところはどうすればいいんですか？　薬でも飲むんですか？」と聞くと、よく聞きとれなかったが、すでに治った、ということらしかった。僕の悪い部位がクイに転移した、ということだろうか。確かに2年前に膀胱炎をやったし、首と膝の痛みも背骨からきていると考えられるから、診断は正しいと言えた。その時は気付かなかったが、それまで毎晩、腰のあたりがダニに嚙まれて痒《かゆ》かったのが、この夜からスッキリ気にならなくなり、ぐっすり眠れるようになったのだった。

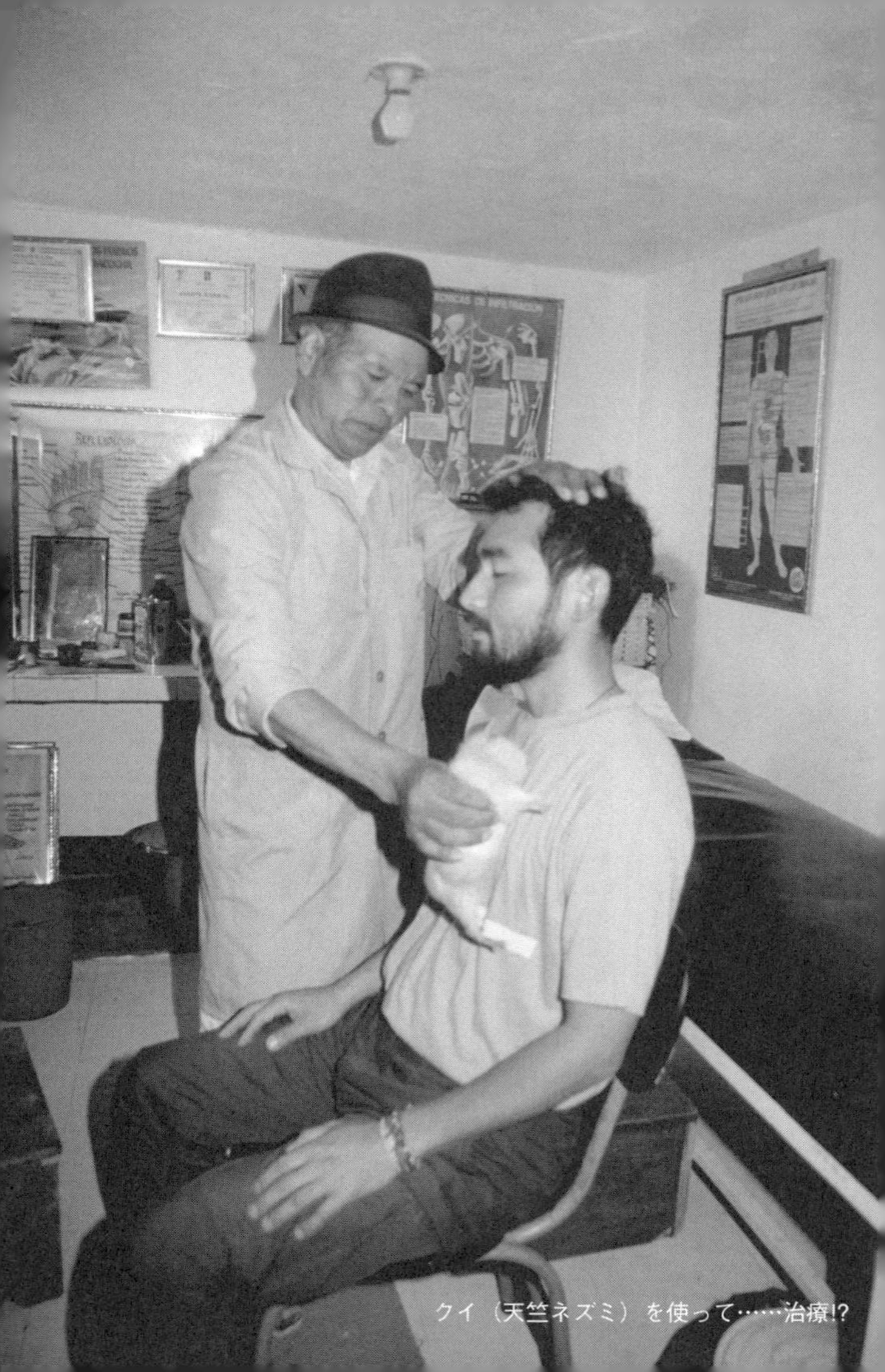

クイ（天竺ネズミ）を使って……治療!?

それから思い切りペダルをこぐことがなかったので、膝が完治したかどうかは定かではないが、今に至るまで膀胱も調子がいい。所要時間10分、治療費250円、投薬なし。最近のエクアドル人は、こういった伝統的な治療を軽んじて、西洋医学を選択する傾向にあるが、このクイ治療に関していえば、「信じれば救われる」といった、人間のもつ根本的な治癒能力を引き出すのかもしれない、と思った。

世界一周の終着点、緯度0度 ——エクアドル

国境の食堂で、通貨の交換レートを聞いて驚いた。エクアドルの通貨「スクレ」が、1年前の3分の1に下落していたのだ。情勢不安により大都市での治安は最悪で、「首しめ強盗」が頻発していた。これは、2、3人で後ろから襲って首をしめ、意識がなくなったところで所持品を奪う強盗である。大変な国だ。11月24日、ペルーから、最後の訪問国となるエクアドルへ入国。一路、首都のキトをめざし、北上する。

12月1日、午後8時。途中の町、ラタクンガに到着。この町で、「もし行ったら連絡してみて」と紹介された、神父さんの管理するアパートに1泊だけお世話になった。僕が長年、

自転車で旅をしていること知ると、食べ物を持ってきてくれたり、いろいろと世話を焼いてくれる。

神父さんは別れ際、なんと僕にお金をくれようとした。エクアドル人の1月の平均収入は、日本人の1日分くらいなのに、「旅をしていればお金は必要だから」と言って。お金が必要なのは、彼らのほうである。立場が逆だったら、僕は、二度と会わないであろう金持ちの外国人に、こんなことができるだろうか。無条件の愛はここまで強烈なものなのか。彼の人格と行動に圧倒され、常識がくつがえされた。

2日後、キト手前30キロの小さな町、タンビージョに寄った。9年前（大学時代）にアメリカで知り合ったエクアドル人、ビルの実家を訪ねるためだ。苦労して連絡を取り合い、やっと実現した。スープとライスとわずかな肉でもてなしてくれ、普段は口にしていないであろう、コーラも添えられていた。ビルの姪《めい》・パオリナが、「あなたみたいな人が家に来てくれるなんて、本当に名誉なことです。神様ありがとうございます……」と目に涙をいっぱいにして、手を合わせる。ニューヨークに住むビルが、僕をどんなふうに伝えたか知らないが、彼らのあふれる優しさ、気持ちのすがすがしさに、恐縮してしまう。

一晩お世話になって別れるとき、10人の家族が総出で見送ってくれた。「来てくれてありがとう」とみんな、涙を流してくれた。僕には返す言葉がなかった。物でもらえば物で返しようもあるが、無償の愛の前には自分が何をすべきか考えさせられる。国の情勢がどうであろうとも、どんな厳しい環境に暮らそうとも、なんの言いわけもせず、ピュアな心をもち続ける人たちがいる。そんな人たちに出会うたび、人は人として強く生きていかなくてはならないことを教えられると同時に、自分はちゃんと生きているか、という自問自答を繰り返すことになる。

4年以上走った旅の終わりに〝バカンス〟と称して、帰国直前の12月13日から4日間、ガラパゴス諸島を訪れた。ダーウィンが進化論を唱えたこの島は、エクアドル領20州のうちの1州で、本土から約1000キロ離れた太平洋上に浮かぶ。

世界中でたくさんの「野生の王国」を訪れてきたが、ここだけは間違いなく、本物の動物天国だった。神様が地球のこの1カ所だけ、間違えて特殊な空間を創り上げてしまった、としか考えようがない。普通、動物園や国立公園などでは、人間が動物を見る感覚しかないが、ここでは明らかに人間が動物に見られていた。

そして赤道直下のペンギンや、世界一大きいゾウ亀など、種の特異性もさることながら、動物たちがまるで人間を恐れない。それが何より驚きだ。まるで我々を同じアシカや鳥の仲間だと思っているようだ。いくつかの島に上陸して歩き回り、クリスタルブルーの海をアシカヤウミガメと泳いだり、本当の大自然を満喫した。

足元にイグアナとアシカ、目を転じると足の真っ青な鳥ブルーフット・ブービー、そして頭上には、ペリカンや影ができるほど巨大なアホウドリ、鷹《たか》などが優雅に舞っている。

こうしていると、植物を含め、それぞれの生き物を創生した神の思いが伝わってくるようで、本当に美しいものは自然が創り上げたものの他にはない、と思ってしまう。命あるものの美しさに、これほど深く打ちのめされたことはなかった。ため息すら出なかった。

ガラパゴスでジャニーネという、エクアドル人の女の子に出会った。キトの旅行代理店で働く子で、よく仕事をするので、ご褒美《ほうび》にツアーに参加させてもらっていた。英語もきっちりできるのに、月給が100ドルもないという。「夢はペルーのマチュピチュに行くこと。日本なんて、高くて夢にも思わないわ」と言った。

ジャニーネは、朝から晩までカウンターで働き、その後は夜間の学校に通う。休日は勉強のみで、僕とデートもしてくれない。「先生になって、いい学校を掛けもちしてお金を稼ぎたいの」という夢を手に入れるために、日夜がんばっている。彼女の家では、1年ほど前からお父さんが下半身不随の奇病にかかり、寝たきりだった。そんな事情などみじんも感じさせないほど、彼女は明るかった。僕も、何があっても言いわけをせずにやっていこうと、あ

ひなたぼっこするアシカ

らためて心に誓ったのだった。

4年3カ月前に日本を後にした時は、大海にこぎ出した小船のような心細さを感じていた。しかし、4年3カ月たった今、未知の国を一人で訪ねるのも息をするように自然なことに思える。逆に日本に戻ることのほうが、再び荒波にもまれる小船の心境だ。旅の最後に、そんな僕を勇気付けるような出会いが続いた。

旅を締めくくろうと、赤道記念碑まで行った。エクアドル、という国名がスペイン語で「赤道」を意味するように、キトから25キロ北に赤道が通っている。緯度0度。

旅を終えるとはどんなものか、幾度となく想像したが、「終わった」という感激でも感傷でもなく、「日本に帰る」という喜びとも達成感とも少し違う、「これから、また新しい世界を生きていくんだ」という一つの区切りのようなものを感じただけだった。

これまでのことは、自分が自分の力でやってきたのではなく、宇宙あるいは、神がいれば神なのか、すべての存在を包み込む絶対的で変えることのできない運命のような流れ、すなわち「サムシング・グレート」（大いなる意思）にやらせてもらっていたのだと思う。そう

ついに旅が終わる……（赤道記念碑前にて）

考えないと、とても自分1人でやって来れたことではない。生きて帰れなかったかもしれない。ゆえに、旅自体はここで終わるが、「サムシング・グレート」は存在し続ける。つまり宇宙の流れと自分は生き続けるのであるから、旅を終えることは、単なる一つの区切りでしかないのだ。

では、これから何が始まるのか、というハッキリした心象風景はできあがっていないが、とにかく感じるのは、今という瞬間があり、命があり、この宇宙が存在していることの嬉しさと、それに対する感謝と感動だ。今、この文章を綴《つづ》りながらも、同じ気持ちでいる。

帰国の当日、ニューヨークからクリスマス休暇で里帰りしていたビルが空港まで駆けつけてくれた。そして、仕事をしているはずのジャニーネも見送りに来てくれた。

1999年12月28日、ロサンゼルス経由のマレーシア航空で、無事、帰国した。

病気とどう付き合っていくか まずは抵抗力を落とさないこと

1年目のアフリカでは、数々の熱帯病を経験した。それらを通じて学んだのは、「病気とどう付き合っていくか」ということだった。要は「体の抵抗力を落とさなければ発病(再発)しない」という、ごく当たり前のことなのだが。ヨーロッパでは1週間走り続けることもあったが、環境の厳しいアフリカでは3、4日走って1日休養することで、抵抗力を保った。そうすれば多少の菌をもっていても病気にならない。しかし抵抗力が一定レベル以下になると、もっていた菌が一気に暴れ出す。ギニアでマラリアと同時に赤痢を併発させたのも、その例だ。

【世界一周中にかかった病気・ケガ】マラリア、赤痢(細菌性、アメーバ)、寄生虫病(下腹部が張る、肛門が痒くなる)、化膿(足の裏に刺さったトゲで1カ月)、熱射病(以上アフリカ)、高山病(頭痛、吐き気、呼吸困難／キリマンジャロ山、南米アンデスで)、膀胱炎(血尿、下痢／チベット)、腱鞘炎(中国)、アメーバ性下痢(パキスタンその他)、皮膚病、ダニ・南京虫、恋の病(世界各地)、膝と首の故障(アラスカ、南米)などなど。

【予防接種】(各地で追加接種を受けながら) 黄熱病、破傷風、狂犬病、コレラ、腸チフス、脳髄膜炎、A型肝炎、B型肝炎。マラリアに有効な予防接種はないので、抗マラリア剤 (ラリアム) を服用。

【常備薬】正露丸(現地の人にもあげた)、抗生物質(極力服用せず)、化膿止め、抗ヒスタミン剤、総合ビタミン、梅干し(強い殺菌作用と元気の素!)など。

グロテスクな寄生虫が描かれた虫下しの薬。副作用があり、かえって危険なこともある

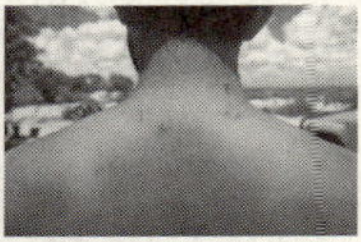

虫に喰われてできた水ぶくれが、やっとかさぶたになった

やった、やってしまった。そして次の夢へ

会社の社員通用口を入ると、思わぬ光景が目に飛び込んできた。

「お帰りなさい！　坂本　達」

大きな横断幕に、そう書かれていた。

２０００年1月6日、帰国した僕は、世界一周の荷を解かぬまま、ミキハウス本社での新年会に出席した。4年3カ月という歳月。31歳にもなって、やりたいことだけをやらせてもらってきた男が、そのサポートをしてくれた社長と社員に、帰国の報告をする時でもあった。

正直、どれだけの人が笑顔で迎えてくれるか案じていた。

しかし、心配をよそにみんなが「おい、達じゃねえか！　次はラクダで世界一周って本当か？」「今度は何やらかしてくれんだよ？」と、口をそろえて帰国をわがことのように喜んでくれた。初めて顔を合わす新入社員は、「おかえりなさい！　掲示板のお手紙、いつも読んでました」と言ってくれる。世界中でたくさんの親切な人に巡り合ってきたが、会社の仲間は「こんな人たちがいてもいいのか」というくらい、温かかった。

そして自分ほどこの世で恵まれた人間はいないと、心底思った。

会社に挨拶をすませてから、装備をサポートしてもらったスポンサー各社にお礼に回った。覚えてくれていないところもあるかと思ったが、「こちらこそサポートできて光栄でした」と言ってくれたニコンやDHL、写真展の会場を東京で提供してくれたオリンパス、そのパネルを製作してくれたコダック、大阪では酷使した自転車を博物館に展示してくれたシマノ、「これからは日本で活躍するんだろう」と、身分不相応な腕時計をプレゼントしてくれたワールド通商。さらにこれらの出会いを通じて、全国から次々と講演会や執筆の依頼が舞い込むようになった。まだまだ、とてもここではあげきれないサポートを帰国後もいただいている。

個人的な夢がこんな展開になるとは考えてもみなかった。当初は出費を抑えようとして始めたスポンサー探しだったが、今ではその出会いこそが、本当の意味で大切な支えとなっている。この夢を実行しなかったら出会えなかった人たちと縁があったことが、何よりも嬉しい。

日本でお礼や報告活動に回る中、自分1人では何一つできないことを、あらためて実感する。人は生かされていること、感謝の気持ちが物事をポジティブに動かすこと、ごく当たり前の挨拶やお礼という行為が幸運を導くこと、いい面を信じていれば、人も物事も厚意を向けてくれること。

旅の間と同様に、これらのことを日本の生活でも再確認している。

43カ国、約5万5000キロを走った。人がこの旅を、どう感じるかはわからない。「冒険家だね」とも言われるし、世界一周を自転車で走破することにだけ意義を認める人には、「不完全な旅」と思われるだろう。

僕にとって、走ることは手段であって目的ではなかった。世界の人たちがどのように生き、何を感じ、考えているのかを肌で知りたかったのだ。また一方で、会社員としてやったこの世界一周は、僕自身がこの先どうやって生きていくのか、生きていけるのかを試す旅でもあった。そういう意味で目的が果たせ、今とても満足している。

僕は熱血タイプでもなく、どちらかといえば自他共に認める弱い人間だ。日本では講演会に行くと、「いかめしい人を想像していたけど普通ですね」とか、「もっとガッシリして無骨な人かと思った」と驚かれる。それでも目的を果たせたのは、人々の無条件の愛や助けはいうまでもなく、自分の臆病で気が小さいところを認め、それを生かしてきたからではないかと思う。どんなに強力に思えるコネやテクニックよりも、人の心から出た叫びや個性といった純粋でストレートなもののほうが、いつも結果的に説得力があり勝っていた。未開の村で受け入れられるためには、うわべの笑顔やお金よりも「気持ち」のほうが大切だった。そうして自分を信じる大切さを学んだ。さらに、弱点を弱点と思わずに、個性と考えればいいことも学んだ。

帰国して、「よく1人でがんばったね」と言われることがあるが、これはちょっと違う。死ぬか生きるかの時に助かり、いい思い出だけをもち帰れたのは、みんなのおかげである。「思うようにやればいい」「信じる道をまっすぐ行け」と、ありのままの僕を励まし続けてくれた人たち。同じ日本人というだけで、心休まる家に招待してくれた現地駐在の人たち。物はなくてもどこまでも親切な現地の人たち。会社の仲間。父の送ってくれたお守りに込められた思い。必要な時にタイミングよく入った母のアドバイス。その他大勢、御先祖様も含めて、みんなの〝思い〟が大きな力となって僕を守ってきてくれたんだと思う。

そして、自然界のサポート。太陽が昇り、また沈むといった大自然の不変の営みが、小さなことにとらわれる僕を一喝《いっかつ》してくれ、そのたびに初心に戻ることができた。

生きることとは、人や自然を味方につけることに思える。それには自分の役割を知り、感謝の気持ちをもって、自分の力量や個性を生かすことだと思う。そうすることによって勘が冴え、危険を予知でき、奇跡のような助けが来た。すべてを自分で解決しなくてはならなかったのは事実だが、次第に自分の力というよりは、「サムシング・グレート」（大いなる意思）のようなものに動かされている気になったものだ。１人でできるかと思った時期もあったが、とんでもない思い上がりだった。

あらためて、日本はどうだ、と聞かれるが、やっぱりいい。人々は勤勉だし、独特の素晴らしい文化があり、美しい四季がある。現実にはたくさんの問題があるが、それはどこの世界でも同じ。不満を人や環境のせいにしてただ嘆いても、何も解決されない。物事の捉《とら》え方や考え方は自分のイメージ一つであり、すべて「自分次第」という点は、日本でも外国でも共通している。

旅（夢）と日本での生活（現実）とのギャップは、あるといえばあるし、ないといえばない。でも強いていえば、「何も変わるところはない」。夢も現実も、次の瞬間には過去になり、でも夢を追いかけた時間は現実だったし、現実は夢へと続く日々だった。要は現実に「生きている」のだから、そんな区別はどうだっていい、という気がするのだ。

4年3カ月は夢のように過ぎた。つらい思い出など一つもない。地球上の人々と大自然が味方してくれた。1人なのに1人じゃない、すべてのものが愛おしくなるような感動に包まれた。そして学んだことは「感謝」であり、できないことをするのではなく、できることを見つけ、それを精いっぱいするというシンプルなことだった。

これからは、みんなのおかげで叶えることができたこの体験を役立て、サポートしてくれた人たちに返したい。自転車ならではの出会いを日本で伝えていくことは、同時に現地の人への恩返しにもなる。この本を読んで、「こんな会社員がいるのか」と思ってもらえるのも嬉しい。身近な人に対して、僕ができること何か一つをするのもそうだ。

またこの本の印税はすべて、旅で助けてくれた人たちにお返しすることにした。

次の夢について質問されるが、「人に出会っていきたい」という漠然としたイメージしかまだない。具体的な手段はわからないが、またサムシング・グレートが僕を突き動かすのだと思う。生きていれば失敗や困難も多いが、感謝を忘れず人の〝善〟と自分を信じて努力していれば、いつかまたその日がくるだろうと、ポジティブな思考が身についた僕には思える。

最後に、木村社長、この『やった。』を書かせていただき、本当にありがとうございます。おかげで、今という瞬間が一番幸せだと思えます。次の「やった。」を楽しみにしていてください！

また、今回の世界一周を支えてくださったスポンサー各位、現地駐在の方々、新しく出会った方々、友人、会社の仲間、そして両親へ、みなさんに「生かされてきた」ことへの感謝をこめて、この場であらためて「ありがとう」をお伝えできればと思います。

そして、僕がこの本を書くにあたり、時にお尻を叩き、時になだめすかして励ましてくれた、出版部のスタッフのみなさんにも、心から感謝いたします。

2000年12月

坂本　達

文庫本あとがき

まさか自分の書いた本が文庫本になるとは考えてもみませんでしたが、たくさんの方々に支えられ、助けられて実現できた自転車世界一周の経験をより多くの方々にお伝えできる機会をいただいて感激しています。ここでは「文庫本あとがき」として、帰国後によくご質問をいただく「世界一周のきっかけ」となった小さい頃の出来事や、講演会で子どもたちや若い人にお伝えしているメッセージやエピソードの一部をご紹介させていただきたいと思います。少しでもみなさまに元気や夢をお伝えできましたら幸いです。

子どもの頃の思い出

今もあまり変わらないのだが、僕は小学生のとき特に怖がり屋でとても気が小さかった。僕は父親の仕事の関係で7歳から11歳までパリの郊外に暮らしていたのだが、家で留守番をする日、特に夜は怖くて仕方がない。「お父さん、お母さん早く帰ってきてくれないかな……」「もし、ずっと帰ってこなかったらどうしよう」などと、居間の時計の針を見ながらひとりで心配していた。僕は3人兄弟の真ん中。そんなとき兄や弟は普通にテレビを見たり本を読んだりしていたが、僕は何をしても落ち着かず、近くに野球のバットを用意し、ポケットには乾電池を入れて泥棒が来たら投げつけて戦う準備をしていたのだった。その家は過去に2度も空き巣に入られていたこともあり、僕は誰か知らない人が家に入ってくると思い込んでいたのだ。そして車の音がするとカーテンの隙間からライトの動きを確認し、家の車だとわかると外に飛び出して両親を迎えに行っていた。

その家は石造りの古い2階建てで、物置から裏庭に通じるところに「開かずの扉」があったり、薄暗いガレージの奥から急にボイラーの音がしたり、小さなランプが目のように光っていたり、くもの巣だらけの湿っぽい地下室があったり、2階のシャワールームにはしごを外すと絶対に下りてこられない屋根裏に通じる小さな入口があったりと、僕には相当怖い家だった。トイレに行くときはガレージに通じる部屋を通るので、息を止めてトイレに行っていたし、地下室の近くを通るときは「ああ〜〜〜」などと声を出しながら走っていた。

そんな小心者の僕が、小学校の4年生の夏休み、地元の子どもたちと1カ月のキャンプに参加することになった。僕はまともにフランス語はできないし、クラスで日本人は自分1人だけだし、そのキャンプに行くのが嫌でたまらなかった。行きのバスで知らない子が隣に座ってきた時は緊張のあまりバスを降りて帰ろうかと思ったぐらいびびっていた。

キャンプの間、僕は他の子からちょっかいを出されてもフランス語が話せないので言い返すこともできず、とても悔しい思いをする。せめて日本語で言い返せばよかったのだが、そんな大胆なことは当時の僕には思いもよらないことだった。

そんなある日、工作の時間に厚画用紙を使って自由に作品を作ることになったので、僕は日本の鎧《よろい》と兜《かぶと》を作った。意地悪するやつを圧倒させようと思い、兜には大きい角を立て、いかめしいヒゲをつけると、必死さもあってかとてもうまく完成した。作品を身につけると日本的なものが珍しいのか、みんなが集まってきて僕はその場だけ人気者になったのだ。僕は、「フランス語はできないけど手先が器用な日本人」と認められたのか、その日から周りの空気が変わったのを覚えている。

あのキャンプでは、たとえ言葉ができなくても、「何か一つできること、好きなこと、得意なこと、つまり個性があれば、自分は認めてもらえる」という原体験をしたように思う。この出来事は強く印象に残っていて、世界一周ができると思ってしまった動機の一つになっていると思う。

滞在中、フランス最大のお祭りとも言われる自転車レースの最高峰、「ツール・ド・フランス」を実際に見る機会に恵まれ、僕は自転車に魅せられた。ロードレーサーに乗っている人みんながヒーローに見えるくらい、理屈ぬきにカッコよかった。そして小学4年生の時、父にねだって買ってもらった24インチのドロップハンドルの自転車。僕は嬉しくて嬉しくて学校から帰るのが待ち遠しく、家に戻ると毎日その自転車に乗っていた。自転車は家の怖いガレージに置いてあったのだが、嬉しさのあまり夜でも懐中電灯をもって何度も眺めに行ったものだ。

また、夏休みに家族旅行をしている時、自転車にたくさん荷物を積んで走っている人たちを見つけ、父に「あの人たちは何をやっているの?」と聞いた。すると、「自分たちで必要な食料やテントを自転車に積んで、パンク修理も自分でしながら旅行しているんだよ」と教えてくれた。あの時の風景は今も鮮明に覚えている。「カッコいい。やりたい」。純粋に、無意識のうちに憧れていたんだと思う。まさかあの時のイメージが世界一周につながってしまうとは、当時考えてもみなかった。本当になにがどう展開するかわからない。

やがて5年生の終わりに帰国する。転校すると友達も先生も環境もすべて変わるので僕は緊張していた。初日、最初が肝心だと思って前の学校で「カッコいい」と言われていたお気に入りのバミューダパンツをはいていくと、「なんだそのズボン、カッコ悪い」と言われた。カッコよかったはずのズボンなのに、なんで転校先ではみんなそんなことを言うんだろう?

かばんなど持ち物が違うことでもなんやかんや言われ、フランスから帰国したことを替え歌にされたり、みんなと共通の話題がなかったりして、友だちも少なかった。自分は前の学校のときと同じ坂本達なのに、ここでは他人と同じじゃないといけないのか？　なんでそんなこと言われなきゃいけないのだ？　学校がつまらなかった。

そんな時、父が「今の学校が世の中すべてではない。世界はもっと広くて、もっといろんな人や文化がある」と世界地図を見せてくれ、話をしてくれた。僕はそれ以来ずっと海外に思いを馳せ、世界中の人に会ってみたい、みんなはどんなことを考えて、どんな生活をしているのか知りたい、いずれは体験したいと思うようになった。

また面白くなかった学校では、唯一図工の先生が僕の描いた運動靴の絵を「上手だ、とてもいい。ここはこうしたらもっとよくなる」と褒めてくれ、認めてくれた。嬉しかった。フランスのキャンプで、「得意なこと、好きなこと、個性があれば認められた」ことを思い出し、もうちょっとがんばってみよう、と思うことができたのだった。僕は大切なタイミングでいつも助けられていた。

両親から教えられたこと

小さいときから、家では礼儀や言葉遣いに厳しかった。

朝晩の挨拶は言うまでもなく、喋るときは必ず相手の目を見るように言われ、「行ってきます」「いただきます」「ありがとうございます」「ごめんなさい」などもちゃんと言わないとひどく怒られる。でもただ厳しいだけでなく、それぞれの意味を教えてくれていたので、やがて自然に言えるようになった。これには本当に両親に感謝している。

きちんと挨拶したり、人に不快な思いをさせない言葉遣いをすることや、何かしてもらったら必ずお礼を言うことを厳しく教えられたおかげで、自分で言うのもおかしいが、どこへ行ってもまったく相手にされないということはないように思う。

当時はわからなかったが、これは世界に共通するコミュニケーションの基本だった。相手に嫌な思いをさせないような振る舞いを心がけること。家庭の中できちんと挨拶したり、お礼を言ったり、ていねいな言葉遣いをしたりすることも、世界一周を実現させるのに欠かせなかった。身近なところでも、いろんなことが役に立っていたと思う。

父からはものの「考え方」について教えてもらった。

ある秋の週末、家族でドライブしながら栗拾いに行った。前日の雨で地面がぬかるんでいるかもしれないと長靴を持っていったのだが、結局使わなかった。帰り道、後部座席の足元にある長靴を見て、僕が「長靴なんか持って来て損したね」と言ったら、父が怒りだした。

「持って来て損をしたのじゃない。使わなくてすんで良かったのだ」と。
当時小学生だった僕はその意味がわからなかった。長靴を使わなかったという結果は同じじゃないか。でも、その考え方の差はとても大きい。世界を走っていても日本で仕事をしていても、思い通りにならないことがほとんどで、うまくいくのはせいぜい1、2割だろう。同じ体験をしてもやって損した、失敗した、と考えるか、いずれ何かの役に立つだろう、何かを学べた、と思えるかで気持ちは全く違ってくる。すなわちその後に展開することが変わってくるということだ。父が間違っても「損をした」と言わないように教えてくれたことは、今でもずいぶん助けられている。

僕が世界一周をすると言い出したとき両親は最初驚いていたが、僕は言い出すと後には引かないので、出発してからは応援してくれるようになった。身近な人や家族の支えは想像以上に大きい。

ところで単独で自転車世界一周をするには、誰でも気が大きいほうがいいと思うだろう。悪者に遭遇しても毅然と戦えるし、どんな困難にも立ち向かえるからだ。しかし父は僕が4年3カ月の旅に出るとき、こんな手紙をくれた。

「達は小さいころ怖がりだった。つまり危険を予知する能力と用心深さを持っている。チャンスを見逃さない繊細さもある。だから気が小さいことはマイナスではない。達の個性なのだ」

気の小ささを意識していた僕は、「達の個性なのだ」と言いきる父の一言に救われた思いがした。そうか、気が小さいことを活かせばいいのか……。そうかもしれないな。そのときはあまりピンとこなかったが、のちのち父のこの言葉の意味を理解するようになった。

実際、世界一周を成功させて生きて帰るためには用心深くないといけないし、チャンスも摑まないといけない。命にかかわるかもしれない選択をする時に、どれだけ細かい情報をキャッチしておけるか、どれだけ直感が働かせられるかが明暗を分けることもある。僕はいつも周りを気にしているから、どの土地に行ってもそこの人たちが大事にしている風習や食べ物、人間関係などがよく見える。だから、僕もそれを大事にする。すると、相手も僕を大事にしてくれるのだった。

悪い面を見て世界に対して絶望するか、あるいは悪い面を当然と捉えて良い面を探して前向きに考えるか。同じものを見て目に入る人もいれば、目に入らない人もいる。目に入るんだったら入らないより得じゃないか。世界を走るにつれて、「父が教えてくれた、『持っているものを活かす』とはこのことだったのか」とわかってきた。

父は僕たち三兄弟に厳しかったが、母はおおらかだった。

僕が世界一周に旅立つとき、母は友人に、「息子を世界一周に送り出すということは、生きて帰らないことを覚悟しなくてはならないのかもしれない」と言っていたそうだ。僕は帰国してからそれを母の友人から聞いて、涙が止まらなかった。そこまで思いながら送り出すことができたのは、応援しようという想いなのかあきらめなのか、なんなのだろう。僕は母のそんな想いや父の優しさを背負っていたから勇気が出たんだと思うし、分かれ道に来たときに正しい道を選択することができたのだと思う。またそうすることで信頼に応えようとしていたのかもしれない。

この本の「オールアバウト4年3カ月」の〈日本との連絡〉に「テレパシー」と書いた。世界各地から日本と連絡をとるのは容易ではなかったが、なにかアドバイスを必要としている時に、不思議と母からそのヒントが書かれたＦＡＸや手紙を受け取ることがあった。そうして交信できたのは、とにかく大地のように「受け入れる」というようなことを母なりに努力してくれていたからだと思う。

両親にどれだけ心配させていたかは想像もつかないが、どこへ行ってもやっていけるように「こんにちは」「ありがとう」「ごめんなさい」を素直に言えるように育ててもらったこと、気が小さいところを活かすように教えてくれたこと、信頼して応援してもらっていること、健康に育ててもらったことなどに心から感謝して、渡航中自分の誕生日には毎年泣きながら両親へ「ありがとう」の手紙を書いていた。

子どもたちに伝えていること

アフリカの田舎を自転車で訪れると、珍客が来たということで歓迎され、村にあるとっておきのゴリラ、サル、芋虫、ナマズ、ヤマアラシなど貴重な食べ物でもてなされた。

ある日、目的地の村に到着して泊めてもらうことになり、いつものように晩ご飯を待っていたが、日が暮れてもいっこうに声がかからない。おかしいな……、と思いながらお腹が空いていたので手持ちの食料を食べた。

そのときの体験を小学校の子どもたちに話して、「どうしてご飯を出してもらえなかったんだと思う?」と聞く。すると子どもたちは一生懸命考えて、

「村にご飯がなかったから」

「知らない人だからご飯を出さなかった」

「ご飯を出さないで、達さんがどんな反応をするか見ようと思ったから」

「獲物を獲りに行っていたから」

という答えをくれる。相手に理由や原因がある、という考え方だ。

ところが質問をしていると、ひとりの男の子が小声で「自分の挨拶が足りなかったから」と答えたことがあった。これはとても大切な考えだと思う。自分の方にも何か原因があったかもしれない、何かできることがあったかもしれない、という考え方だ。

僕の前述の問いに対する答えは、「毎日ご飯を食べさせてもらうのがいつの間にか当たり前になってしまって、感謝の気持ちがなかった。だからそんな人にはご飯を出さない、と思われたかもしれない」というものだ。主張するのも大事だが、人の家で食べさせていただくのに感謝の気持ちがなかった、きちんと挨拶していなかった、相手に失礼なことをしたなど、もしかしたらこちら側に問題があったのかもしれないと考えることを伝えたい。なんでも人のせいにしていると最後にはなにも見えなくなり、夢や目標があっても実現させることができなくなってしまう。僕がそう話すと、子どもたちは静まり返って真剣な顔で聞いている。

自転車世界一周というと自分には関係のない話だと思われるかもしれないが、きちんと挨拶したり、自分の行動に責任を持ったりする点では普段の生活と変わらない。子どもたちはこの辺を敏感に感じ取ってくれる。そして、「これからは挨拶をきちんとしよう」とか、「人のせいにするのはやめよう」という感想文をくれ、先生方も「子どもたちが前より挨拶をするようになりました」と言ってくださることがある。

また中高生になると、受験も、就職も、クラブも、人間関係も、無意識でも最終的には全部自分で決めている、と話すことがある。挨拶をしたらどうなるか？　お礼をしなかったらどうなるか？　自分にできることはなかったか？　いい答えを聞きたかったらいい聞き方をしなくてはいけないなど、自分の行動一つで展開に大きな違いが出てくることを体験から伝える。つまり未来は自分次第でいくらでも変わるという考えだ。

後述するが、僕も最初はギニアで井戸を掘るのは相当困難だと思っていた。経験も知識もネットワークもない自分が、ほとんど部族語しか通じない山村でひとりでプロジェクトを起こすのだから。

でも目的を持ってできることを一つずつやっていたら、いろんな出会いや出来事に恵まれて井戸掘りが実現に向かった。小さな行動を積み重ね、あきらめなければいろんなことができる。

また自分の悪いところばかり見て自信をなくしている人がいるので、かつての体験を話すこともある。自分がそうだったのでよくわかる。小学校の時はプールの授業の前になるとお腹が痛くなったり熱が出たりするような子だったし、中学生の頃はすぐに顔が赤くなるのが恥ずかしくて、いつもドキドキ緊張して手や顔に汗をかいていた。社会人になっても会社説明会など人前で話をする時にしょっちゅうお腹が痛くなっていて、そんな自分が嫌で情けなかった。でも、こんな僕に「そんなに緊張しているように見えなかったよ」と言ってくれる人がいたりして、だんだん人前で話すことにも慣れてきた。また仕事で3年もやっていると体験が自分を変えていく。今、1000人以上の前でも楽しく講演させていただけるようになったのは、自分の持っている個性を活かして「自分なりに」やることと、思い込みから抜け出すということを出会いが教えてくれたからだ。どれも自分の力でやってきたのではなく、周りが励ましてくれたりアドバイスをくれたりしたおかげだ。人の言うことを素直に聞くことでも未来は変わってくるし、体験を積むことで想像もしていなかった自分に出会うこともある。可能性は自分の足元にあるのだ。

僕はたまたまミキハウスという会社に縁があって木村皓一という社長に出会い、夢を実現させる機会をいただいた。無限の可能性がある若い人たちは、他の人に比べて頭がいいとか、資格を持っているとか、格好がいいとか、お金を持っているとか、そういうことではなくて個性が発揮できるような出会いや縁をつかむことが大事だと思う。夢を大きく持つことや、日々できることを実行することでそういう出会いもやってくる。そんなことを伝えたい。

これからの夢

世界一周から帰国後、『やった。』の印税を使って、この本に登場するマラリアと赤痢から命を救ってくれたギニア人医師シェリフに「恩返し」をしたいと思い、現地に何度も足を運んだ。そして2005年6月、井戸がなかったシェリフのお父さんの村に、2年がかりできれいな飲み水を得るためのポンプ付きの井戸が完成した（このことは『ほった。』〈三起商行刊〉に詳しく書かれています）。

しかし、これで恩返しがすんだとは思っていない。「もっと薬と設備があれば、たくさんの人たちを救うことができる」と言うシェリフの診療所を作る手伝いができたらと思う。現在彼が住むラベという町のある地区には約3000人が暮らしているが病院が一つもなく、住民がまともな治療を受けることができない。

世界の最貧国の一つであるギニアは、不衛生や医療不足などが原因で子どもが亡くなる率が高く、平均寿命は46歳といわれている。病気や死がすぐ近くにあるので、みんな命の尊さを実感している。物がないので助け合い、知恵を絞って工夫する。足が不自由な子どもは木の棒を体の一部にして普通に遊び、周りもそれを当然だと思っている。

嘆いても仕方がないという状況でその日一日を精いっぱい生きる人たちから、ないものねだりをするのではなく、まずあるものに感謝すること、すなわち「足ることを知る」ことで気付く幸せや豊かさもあるのではないかと教えられる。きれいな水や薬があるからといって心が豊かになるわけではない。彼らから豊かさについて教えられているような気がしてならない。今後ギニアの診療所建設に加え、世界各地で受け取ってきた数々のメッセージを伝えながら、日々感じている「豊かさ」についても考えていきたい。

講演会では教えられることばかりで、毎回かけがえのない学びがあり、新しい感動があり、伝える相手がいることに感謝している。

生徒たちの感想文を読むと、僕の発したメッセージが僕から離れ、子どもたちのものになっていることに驚く。「自分を信じて夢に向かって走る」「一番つらいのは自分ではない」という表現はしないのだが、実際そういう伝わり方をしている。僕はいつも「挨拶は大切だ」という話をするのだが、感想文を読むと「やっぱり挨拶は大切だなぁ」と逆に教えられてしまう。また小学3年生が「達さんの話をもっと伝えて、日本のみんなを元気にしてください」と書いてくれたのにもびっくりした。まさに僕のやりたい夢の一つだったからだ。こういう子どもたちがいる限り、僕はメッセージを伝え続けたいと思う。

出会ってきたたくさんの人たちに感謝をしながら、これからも様々な方法で活動をしていきたい。この本の印税も、みなさんのご理解をいただきながら、今後の活動のために使わせていただこうと思う。

最後に、いつも元気で勢いのある担当編集者の有馬大樹さん、このようなチャンスをくださり、文庫本の実現に向けて小心者の僕をここまで引っ張り上げてくれてありがとうございました。

２００６年４月　　　　　　　　　　　　　　　　坂本　達

世界一周 見たまま感じたまま

【訪問国・43カ国】イギリス、ベルギー、オランダ、フランス、モナコ、スペイン、モロッコ、モーリタニア、セネガル、ガンビア、ギニアビサウ、ギニア、コートジボワール、ガーナ、トーゴ、ベナン、 カメルーン、コンゴ共和国、ケニア、タンザニア、モザンビーク、ジンバブエ、ボツワナ、ナミビア、南アフリカ共和国、イタリア、トルコ、イラン、パキスタン、中華人民共和国、ネパール、ブータン、タイ、ラオス、ベトナム、アメリカ合衆国、カナダ、チリ、アルゼンチン、ボリビア、ペルー、ブラジル、エクアドル
【1日の平均走行距離】ヨーロッパ100キロ、アフリカ15～60キロ、アジア40～60キロ、北米100キロ、南米30～100キロ
【最長&最短走行距離】140キロ&2キロ（どちらもフランス）
【総費用】約1000万円
【日本との連絡】電話、ファックス、eメール、テレパシー
【海外の連絡拠点】丸紅(株)海外支店（父の紹介）、DHLオフィス、日本領事館など
【言葉】英語、フランス語、スペイン語（南米で習得)。スワヒリ語、トルコ語、ウルドゥ語、ペルシア語、中国語、チベット語、ラオス語、ポルトガル語などのカタコトは現地で
【宿泊】ヨーロッパはユースホステル、アフリカは村や商人宿、アジア・北米・南米ではキャンプか安宿
【食事】市場、食堂、民家、または自炊（南米では圧力鍋を携帯）
【水】アフリカと東南アジアでは携帯式浄水器使用。それ以外は生水
【最高&最低気温】イランの砂漠54度、西サハラ48度、チベットではマイナス30度
【世界共通】笑顔、気持ち（どの地でもすごいパワーを発揮）

アフリカ最高峰、キリマンジャロ山頂に立った。最も苦しい1日だったが、360度文句なしのパノラマと山頂に吹く風で、細胞が浄化されていくようだった。高山病で食欲がなくなり、ビスケット2枚、チョコレートひとかけら、そして水だけで16時間歩き通した

【正月】１回目スペイン、2回目ボツワナ（夏）、3回目チベット、4回目ニューヨーク
【長老サイクリスト】65歳で南米大陸縦断のスペインのおじさん
【それぞれの夢】「子どもたちが独立したから」と、夫婦で自転車世界一周中のオランダ人。カラコルム・ハイウェイで出会った
【まさに大自然】アラスカ、パタゴニア、アフリカ南部
【満月の頃】いい出会いが多く、幸運にも恵まれた
【地平線】南部アフリカ、アラスカ、パタゴニア
【走行方法】アフリカは日中暑すぎて走れないので、夜明けと同時に走り始め、昼過ぎに走行を中止。他では１日平均6～7時間走行
【写真】スライドフィルムで約500本撮影、現像は日本。
【緊張】ヤミ両替（世界各地）
【ロバ】世界中で働かされていた。鳴き方と目が特に悲しげ
【重宝したもの】家族の写真（話のネタに）、梅干し（軽い病気に効く）、浄水器（生水は飲まない）
【ネタ】アフリカ奥地の村では僕の訪問が2週間にわたりトップニュースに。下ネタは世界共通だった
【感動】どんなに疲れていても、次の朝起きると回復している
【建築】スペイン・バルセロナ、ガウディのサグラダ・ファミリア教会には圧倒された
【警戒の厳重な日本大使館】イラン、ペルー
【現金の隠し場所】靴の中、ズボンに内ポケットを作る、ワッペンに縫いこむ、膝のサポーターの中、自転車のフレームの中など
【顔】開発途上国の善人は実に善人顔、悪人は映画に出てくる極悪非道の悪漢のような顔をしているのですぐにわかる
【盗られた物】三脚、ナイフ、ウィンドブレーカー、ハート

最も美しかったナミビアのナミブ砂漠は、高さ300メートルもある砂丘の連続。砂が赤く、夕日に染まる砂漠はさらに切なくなるほど激しく燃えた。夜はぐっと冷え込み、満天の星空となった

【ショック】女性の立ちション。アフリカのトーゴで何度も目撃。ブータンでも。ちなみに足は前後に開いていた
【恐怖】密林を流れるコンゴ川を10日間かけて船で下りながら、ツェツェバエ（眠り病を媒介）とハマダラカ（マラリアを媒介）と闘う。エボラ出血熱で村を捨ててきたという人たちも乗り込んできた
【ビックリ】コンゴ、船の排ガスでサルの毛を焼いているのを目撃
【衝撃】ケニアのナイロビで、欧米人男性が集団強盗に襲われる一部始終を目撃。恐ろしくなって宿に走って帰った
【必需品】蚊帳。アフリカでマラリアにかからないように
【作法】コートジボワールでは村長とさしでご飯をいただき、家族は残りを食べてくれた
【肌】アフリカ人の黒い肌は生命のエネルギーを感じさせる美しさ
【ジャングルの食べ物】象、ゴリラ、ヤマアラシ、クロコダイル、猿、イモムシ、ナマズ、ピーナッツ、食用バナナなど
【通貨】ボツワナの単位は〝雨〟の意味をもつプラ。雨はお金と同様に貴重だから。トルコの紙幣は0の数が多くてあせる。それを狙ってだます輩もいる（100円＝100000トルコリラ〈当時〉）
【国立公園】といえば、ケニアのマサイマラ
【目】ケニアでキリンの目の美しさに心洗われた
【最も苦しい1日】タンザニア、キリマンジャロ登頂の日
【割礼】タンザニア南部の海岸で集団割礼の儀式を見ていたら「日本にはないのか」と聞かれ、「ない」と言うとされそうになった
【走行困難】内戦が終わって間もないモザンビーク。田舎では、食べ物が本当に少なかった
【虫】蚤・ダニ・南京虫は、モザンビークがひどかった。コートジボワールでは、子どもがウンチをしているのを見ていたら、一緒に出てきた白っぽい寄生虫を、お兄ちゃんが引っ張り出していた

1500キロ先にある西チベットの聖地、カイラス山へと続く道の分岐点。いつかこの道を辿ることができるだろうか……。僕はここから南へ向かい、ネパールへと進んだ。チベット、中尼公路

【星空】モザンビークの海岸、アマゾン川下りの最中。〝満天の〟星空とはまさにあれのこと
【道連れ】カメルーンでベルギーの2人組と1カ月強が最長
【強盗】カメルーンで5人に囲まれたが、武道家と間違われ助かる
【神秘】ジンバブエ、満月のビクトリア・フォールズ。落差100～150メートルの滝に月明かりで虹がかかった
【砂漠】ナミビアの赤いナミブ砂漠は圧倒的だった
【直線】ナミビア、40キロ(！)の直線道路。まったくハンドルを切らなかった
【うまい料理】洋の東西が出会う、トルコのロカンタ（食堂）
【日本的気配り】家では靴を脱ぎ、チャイでもてなすトルコ
【長い単語】トルコ語「テシェッキュレデリム」（ありがとう）
【変な単語】同じくトルコ語「ヤバンジ」（外国人）。「野蛮人、野蛮人」と言われているようで気になった
【イヤイヤ】イランではイスラムの戒律により、暑いのに長ズボンで走行。天候や運も味方してくれず、何もかもうまくいかなかった
【癒し】イラン北部、孤独で寂しくて、ハエが手の上を歩くだけで心地よく、話をしながら涙が出た
【祈り】1000人以上の信者がモスクにズラッと並び、いっせいに祈りを捧げていた。イランのマシャド（イスラム教シーア派の聖地）
【天国の味】イランの灼熱地獄を走行中に食べさせてもらった、民家の酸っぱい自家製ヨーグルトと甘いデーツ（ナツメヤシ）の組み合わせ
【ガソリン】なんと1リットル4.5円!!　さすが産油国イラン
【バス】イランでは市バスの乗降が、男女は前後で別々。中も仕切られている
【生水】豊富な地下水のあるイランの生水は、どこよりもウマい

冬のチベットでは夜間マイナス30度まで下がった。雪と氷のヒマラヤを走ると、10メートルはある雪の壁など、信じられない光景が当たり前のように続いた。こんなところでは生きているだけで感謝できる

【舗装】標高4730メートルまで登るカラコルム・ハイウェイは、世界最高地の舗装道路
【迷惑】パキスタンではゲイの人が通りすがりに股間を触る
【後始末】“大”をした後、左手でオシリを洗う習慣がつき、紙を使う文化圏に戻ってからは、しばし具合が悪かった
【感化】パキスタンなど１年以上イスラム文化圏を走っていた時は、頭の中がすっかりイスラム化し、女性の足首やＴシャツ姿を見てドキドキしていた
【入国審査】パキスタンと中国の国境はお互い140キロも離れている！
【別世界】チベット、白い雪の大地と山々のピークを正面に見ながら登る一本道。このまま走り続けると天に達するのではないかと思ってしまった
【最低入浴頻度】１カ月に一度、チベット
【野犬・番犬】数、どう猛さ共にチベットが強烈。護身用の棒を携帯した
【トイレ】チベットの田舎にはトイレがない。犬が食べる
【親切】ラオスで“大”をしてトイレから出てきたら、少年が外で新聞紙をクチャクチャに軟らかくして待っていてくれた
【四季】なんといっても日本が一番
【美女】ブータンのソナムちゃん
【長期のケガ】冬のカナダで膝を痛め、１カ月のリハビリに専念
【ロマンス】といえば南米大陸。誰もが街角で愛を語り合っている
【泥棒市】ペルーでは１時間前に強盗に盗られた物がもう並んでいる
【チャーハン】高山病でお世話になったチリの国境警備隊にリクエストされて作ってあげた
【驚き】標高4000メートルでも平気で人が暮らす南米
【不思議】ペルー他に残る、インカ帝国の非常に高度な文明

ガラパゴス諸島のアシカ。普通は「人間が動物を見る」が、ここでは「人間が動物に見られて」いた。赤道直下のペンギンや世界一大きいゾウ亀など種の特異性は言うまでもなく、動物たちが人間を恐れないのが何よりも驚きだった

坂本 達

Tatsu Sakamoto

1968年、東京都生まれ。7～11歳まで、父親の仕事の関係でフランスに暮らし、そこで見たツール・ド・フランス（世界最大の自転車レース）に魅せられ、以来、自転車の虜に。中学時代からはロードレースにも参加する。92年、早稲田大学政治経済学部経済学科卒業、同年、株式会社ミキハウスに入社。商品部、人事教育課を経て、95年9月26日～99年12月28日までの4年3カ月間、有給休暇扱いで自転車世界一周の旅へ。2002年、自転車で日本を縦断する「夢の掛け橋プロジェクト」で86会場を回り講演。04年、内閣府主催「東南アジア青年の船」（第31回）に、ナショナルリーダーで参加。現在、株式会社ミキハウス人事部に勤務のかたわら講演や執筆活動を続け、著書の印税で、世界一周中にお世話になった方々と井戸や診療所作りなどのプロジェクトを実行中。日本青年国際交流機構（IYEO）、ジャパン・アドベンチャー・サイクリスト・クラブ（JACC）会員。著書に『ほった。』（三起商行刊）がある。
http://www.mikihouse.co.jp/tatsu

この作品は二〇〇一年一月三起商行株式会社（ミキハウス）より
刊行され、文庫化にあたりサブタイトルを改題したものです。

幻冬舎文庫

●最新刊
知れば知るほど
なるほど、料理のことば
ベターホーム協会 編

精進だし、追いがつお、ひねりごま……。意外とみんな理解していない料理の基礎用語からことわざ、慣用句にいたるまで徹底解説。料理の奥深さを知れば、食べるのも作るのも一層楽しくなる！

●最新刊
天使の代理人(上)(下)
山田宗樹

命に代えられるものはありますか？　心に無数の傷を負った女達による奇蹟の物語――。『嫌われ松子の一生』で一人の女性の生を描き切った著者が命の尊さと対峙した、深く胸に響く衝撃作！

●最新刊
あそこの席
山田悠介

転入生の瀬戸加奈が座ったのは〈呪いの席〉だった。かつて、その席にいた三人の生徒は学校を去っている。無言電話に始まり、激しさを増す嫌がらせの果てに、加奈が辿り着いた狂気の犯人は？

●最新刊
ひな菊の人生
吉本ばなな

ひな菊の大切な人は、いつも彼女を置いて去っていく。彼女がつぶやくとてつもなく哀しく、温かな人生の物語。奈良美智とのコラボレーションで生まれた夢よりもせつない名作、ついに文庫化。

●好評既刊
増量・誰も知らない名言集イラスト入り
リリー・フランキー

人は言葉を、会話を交わさずに生きてはいけない。ならば、せめて名言を――。天才リリー・フランキーが採集した御言葉たちから厳選して贈る感動と脱力の名言集に、イラストが入りました！

やった。

4年《ねん》3ヶ月《げつ》の有給休暇《ゆうきゅうきゅうか》で「自転車世界一周《じてんしゃせかいいっしゅう》」をした男《おとこ》

坂本達《さかもとたつ》

平成18年4月15日　初版発行
平成27年7月15日　3版発行

発行人――石原正康
編集人――菊地朱雅子
発行所――株式会社幻冬舎
〒151-0051東京都渋谷区千駄ヶ谷4-9-7
電話　03(5411)6222(営業)
　　　03(5411)6211(編集)
振替00120-8-767643
印刷・製本―株式会社 光邦
装丁者――高橋雅之

幻冬舎文庫

ISBN4-344-40772-5　C0195　さ-16-1

幻冬舎ホームページアドレス　http://www.gentosha.co.jp/
この本に関するご意見・ご感想をメールでお寄せいただく場合は、
comment@gentosha.co.jpまで。